KB155768

영화,
행복심리를
말하다

소희정

박영
story

PREFACE

　조조할인 표를 예매하거나, 인근에서는 상영하지 않아 심야 표를 끊고 먼 지역까지 가는 수고 등을 감수하면서도 영화를 볼 수 있다는 자체가 '나'에게는 행복을 주는 행위다. '진정 소중한 것은 눈에 보이지 않는다.'는 『어린왕자』에서의 이야기처럼 행복은 쉽게 밖으로 드러나 보이지 않는다. 마음을 기울여 들여다보아야 더 잘 보인다는 것인데, '영화'와 '심리'는 현재의 내 삶 속에서 밀접하게 연관되어있고, 좋아하는 것 중 하나이다. 그 안에 '행복'을 담았더니 이 책이 나왔다. 나에게 주는 일상의 오롯한 행복이 혼자 즐기는 것에만 국한되지 않고 책으로 나와 함께 나눌 수 있게 되어 무척이나 반갑다.

　이 책은 영화와 심리 안에 담긴 '행복'을 뿌리로 두고 있다. 학교 수업이나 영화를 통해 심리에 대해 스스로가 읽어가면서 행복을 만나는 과정이다. 반드시 순서대로 읽어나가지 않아도 된다. 이미 본 영화가 있다면 순서를 바꿔도 괜찮다. 어느 장을 먼저 읽더라도 '자신'이 인도하는 길을 따라 행복을 만나는 즐거운 여행이 될 것이라 여긴다. 바라(發芽, 發蛾)봄에서는 영화에 대한 소개와 명언을 담았으며, 새겨봄은 그 영화들에 담긴 의미와 심리학에 대한 전반적인 이해가 담겨있다. 같이(가치)봄은 함께 또는 혼자서 영화와 행복심리를 적용해보면서 '실천'할 수 있도록 하였다.

아름다운 꿈이나 희망, 사랑과 행복의 의미들을 씨줄과 날줄로 엮어 만들어진 우수한 영화 작품들이 참으로 많기에 이 한 권에 모든 것을 다 담아낼 순 없었지만, 연이 닿는 대로 지속적으로 나에게 주어지는 행복들을 독자들에게 전하고 싶다.

바라(發芽, 發蛾)봄

사전적 의미로는 '어떤 대상을 바로 향하여 보다. 어떤 현상이나 사태를 자신의 시각으로 관찰 한다'고 되어있다. 똑같은 사물을 관찰하더라도 언제, 어디서, 어떻게 바라보느냐에 따라 제각각 다르게 보일 수 있다. 식물이 싹을 틔우고, 누에가 고치를 뚫고 밖으로 나오는 이 움트는 과정들에서 가장 핵심은 씨앗 자신의 발아의지(發芽意志)다. 이러한 생명이 움트고 자라나 나오는 것을 바라봄(관조觀照)하는 태도가 또한 성장과 생명의 소중한 여건이 된다.

영화를 통해 바라본다는 것은 내가 인물들의 관계, 배경, 음악 등을 어떻게 바라보느냐에 따라 다르게 볼 수 있다고 새겨두었다.

새겨봄

'새기다', '새겨본다'는 말은 실로 수를 놓거나, 조각을 하거나, 알기 쉽게 풀이하거나 하는 행위들로 잊지 말아야 할 것들을 표시하는 것. 즉, 마음에 깊이 새겨 간직함을 뜻한다. 그림 같은 멋진 풍경을 포착했거나, 결정적 순간을 드라마틱하게 담아낸 영화 등을 보고 순간을 아로 새겼다고 하지는 않는다. 바라보는 것에 조금 더 시선이 머물고 여겨보면 의미가 전혀 없었다고 여겼던 것들, 무심코 지나쳤던 것들이 어느 순간 마음에 담기거나 각인이 되어 새겨지게 된다. 새겨봄은 영화를 기반으로 행복 심리의 관점에 주안점을 두었다. 새겨본다는 것은 과거이면서 현재이고, 현재이면서 미래이며, 나아가 새겨봄은 전체이면서 부분이며 부분이면서 핵심으로 맺힌 전체이다.

같이(價値)봄

바라보고, 새겨보고, 같이 본다는 것은 시선을 끄는 대상에 머무르지 않고, 편협한 시선을 벗고 보는 것이 제대로 보는 것이다. 필름 속 세상은 렌즈를 통해 담긴 공간이지만 그 안의 가치를 부여하면 누구나 영화 속에서 행복을 찾을 수 있다.

영화치료를 알게 해준 심영섭 교수님께 감사하며, 함께 이 길을 내딛은 주순희 선생님, 나란히 같은 길을 걷고 있는 정윤경 선생님을 만난 것은 나에게 행운이다. 박영스토리 출판사, 너그러운 마음과 이해심으로 지지해준 노현이사님과 편집자에게도 감사드린다.

　끝으로, '영화, 행복심리를 말하다'를 완성할 수 있도록 묵묵히 바라봐주고 응원해준 나의 가족에게 말로 다 할 수 없는 사랑을 보낸다.

2019년　2월

CONTENTS

01

주체적 삶의 행복

" 모나리자 스마일 "

🎞 바라봄

모나리자 스마일
(MonaLisa Smile, 2003)

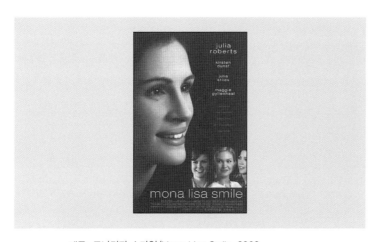

제목: 모나리자 스마일/Mona Lisa Smile, 2003
장르: 드라마, 코미디
배우: 줄리아 로버츠, 커스틴 던스트, 줄리아 스타일즈, 매기 질렌할
감독: 마이크 뉴웰
개봉: 2004. 03. 19

행복의 원칙
첫째, 어떤 일을 잘 할 것.
둘째, 어떤 사람을 사랑할 것.
셋째, 어떤 일에 희망을 가질 것.

- 칸트

🎞 새겨봄

왓슨 교수는 설렘과 부푼 기대를 안고 미술사 첫 수업을 시작한다. 스크린을 통해 보여주는 슬라이드 속 작품의 작품명, 제작년도 까지 완벽하게 공부한 학생들의 모습에 왓슨 교수는 놀라움을 금치 못한다. 그런 왓슨에게 학생들은 더 이상 가르쳐주실 것이 없으면 자습하러 가겠다고 나간다. 예습을 통해 교재에 나오는 답만 완벽하게 표현하는 학생들을 위해 고민 끝에 왓슨 교수는 다양한 시도로 각자 자신만의 느낌과 생각을 표현하도록 유도한다.

첫 번째 그림은 Chaim Soutine(1894~1943)이 그린 'Carcass of Beef, 1925'이다. 강의계획서에 없는 작품을 보여주자 학생들은 당황한다. 교재에 있는 정답이 아닌, 자신의 생각과 느낌을

말해보라는 순간 망설이고 주저한다.

'강의록에 없는 데요?'

'그래, 없어.'

'좋은 느낌을 말해봐. 틀린 답은 없으니까 말해 봐. 각자의 생각이 교과서에 나오지 않아'

왓슨 교수가 어머니 생신을 축하하기 위해 25년 전 그린 그림을 보여주며 질문한다.

'이 사진은 예술이라고 생각하나요?'

미와 추를 구분하는 기준이 존재하는 것인지, 만약 이 그림을 유명한 화가나 사진작가가 찍었다면 그것은 예술이 되는 것인지 묻는 것이다.

아니라는 학생들에게 왓슨이 말한다.

"다시 한 번 봐. 그림 이상의 것을 보도록 해봐! 새로운 생각을 가지고, 마음을 열고 보도록 해봐!"

동일한 그림을 바라보면서도 자신의 관점으로 바라봐야 한다.

한 점의 그림을 같은 공간에서 보더라도 개인의 철학, 느낌, 태도, 감정, 관점 등에 따라 다르게 보인다. 삶을 살아간다는 것, 지금 이 순간을 직면한다는 것은 결국 어떤 태도를 선택하는가이다. 또 그 태도를 결정하는 것은 외부가 아닌 오롯이 자기 자신으로부터 결정된다.

영화 『모나리자 스마일』은 각본가 '로렌스 코너'(Lawrence Konner)와 '마크 로젠덜'(Mark Rosenthal)이 웰슬리 대학의 도서관에서 본 한 장의 사진에서 영감을 얻어 탄생한 작품이다. 2차 세계대전 이후, 개인의 욕망과 사회의 요구가 어지럽게 충돌하던 시기, 남녀의 고전적인 차이가 급격하게 무너지던 당시를 극적으로 담고 있는 사진 한 장은 영화 『모나리자 스마일』을 탄생시켰다. 이러한 모습은 영화 곳곳에 등장한다. 지성과 미모를 겸비했지만 자신의 진정한 욕망에 대해 생각해 본 적이 없는 베티는 졸업하기 전에 성대한 결혼식을 하고 살림을 시작한다. 그런 베티가 본인을 나타낸다는듯 친구에게 보여 준 공간은 다름 아닌 세

탁기 두 대가 있는 다용도실이다. 친구는 그 모습을 보고 "꿈을 이루었구나! 예쁘다."라며 반긴다.

당시 미국의 최고 지성이라 불리는 여대생들은 교과서에 나온 고대 알타미라 동굴 벽화에 대해선 달달 외우고 있지만, 당대의 파격적인 추상표현주의 화가 잭슨 폴락(Jackson Pollock)의 '연보랏빛 안개(Lavender Mist)'라는 작품에 대해서는 반신반의의 눈길을 보내기도 한다. 그 중 가장 고집스럽게 전통과 규범을 따르던 베티가 레오나르도 다빈치의 <모나리자>를 보면서 "그림 속 여인은 과연 자신의 미소만큼 행복했을까"라고 질문을 던지는 모습에 뭐라고 대답할 수 있을까?

[왼 손에는 책, 오른 손에는 프라이팬]

[왼 손에는 책, 오른 손에는 다리미]

우리는 자신의 삶의 태도를 타인들의 시선과 결정에 따르는 것에 익숙해져있다. 주체적으로 자신의 관점을 갖는다는 것은 자신의 삶을 바라본다는 것이다. 학습된 것들만이 자신의 것 인양 착각 속에 빠져있는 삶에 왓슨은 말한다. 다양한 관점으로 바라 볼 수 있는 미술 작품들을 통해 부모가 원하는 삶, 타인과의 비교를 통해 길들여진 삶에서 벗어나라고. 머리가 아닌 가슴으로, 말하지 말고 느껴 보라고 말이다. 자신의 생각, 자신의 느낌, 자신의 시선을 세우기 위해.

영화의 후반부, 왓슨 교수가 대학을 떠날 때 학생들은 자신들이 그린 해바라기 그림을 건넨다. 고흐의 '해바라기'를 자신들의 시선으로 담아 "우리를 기억해주세요"라고 말한다. 독창성이라고는 전혀 없는 학생들이 그들의 세상에 자신만의 고유한 관점을 갖고 성찰하는 개인으로 성장한 모습이 담겨있는 영화다. 자전거를 타고 학교를 떠나는 왓슨 교수를 배웅하는 학생들의 모습은, 자신의 삶을 주체적으로 살아갈 것임을 암시하는 장면이다. 스스로 페달을 밟아야만 앞으로 전진 할 수 있는 자전거 페달. 왓슨 교수의 학생들은 자전거 페달을 밟듯이 자기 동력을 갖고 주체적인 삶을 향해 나아갈 것이다.

⚙️ 같이 봄

💬 영화 속 학생들은 졸업을 앞두고 각기 다른 고민과 선택을 하는 과정에 있습니다. 자신의 현재 고민은 무엇인가요?

💬 영화 속 인물 중에서 누구의 삶이 가장 매력적으로 느껴지나요?

💬 영화 속 인물 중 조안은 진학대신 결혼을 선택했다고 말합니다. '원하는 삶을 선택해야 한다고 한 건 당신이 아니었나요?' 왓슨 교수에게 반문합니다. 여러분이 왓슨 교수였다면 조안에게 뭐라고 말해 줄 수 있나요?

💬 영화 속 인물 중 베티는 왓슨 교수나 친구인 지젤을 미워합니다. 그 이유는 무엇일까요?

💬 본인이 왓슨 교수의 입장이라면 학생들에게 말해주고 싶은 내용은 무엇인가요?

💬 당신에게 멘토가 있다면 누구인지 이야기해줄 수 있나요?

💬 자신만의 해바라기를 그려보세요.

02

상상 X 행동 = 현실

" 월터의 상상은 현실이 된다 "

월터의 상상은 현실이 된다
(The Secret Life of Walter Mitty, 2013)

제목: 월터의 상상은 현실이 된다/The Secret Life of Walter Mitty, 2013
장르: 드라마, 판타지, 모험
배우: 벤 스틸러, 크리스틴 위그, 숀 펜, 셜리 맥클레인
감독: 벤 스틸러
개봉: 2013. 12. 31

행복을 잃기는 무척 쉽다.
왜냐하면 행복이란 언제나 분에 넘치는 것이기 때문이다.

- 알베르 카뮈

🎞 새겨봄

상상을 현실로 만드는 건 행동

특별한 경험 없이 보통의 존재로 살아온 월터의 유일한 취미는 시간과 공간에 방해받지 않고 상상을 하는 것이다.

라이프 매거진의 필름 현상 팀에서 근무하고 있는 월터는 생일날, 출간 잡지가 폐간되고 온라인 잡지로 전향하면서 대규모 구조조정이 된다는 소식을 듣는다. 같은 시기에 전설적인 사진작가 숀 오코넬은 필름 한 통을 보내오며 25번째 사진에 자신의 걸작 '삶의 정수'를 담았으니 이를 마지막 표지사진으로 써달라는 당부를 남긴다. 그러나 25번째 필름은 아무리 찾아도 보이질 않고 회사에서는 얼른 사진을 가져오라며 월터를 재촉한다. 사라져버린 사진을 찾지 못하면 해고될 위기에 놓이게 된 월터는 필름이 사라졌다고 솔직하게 말하지 못한 채 연락이 닿지 않는 사진작가를 찾아 상상 속에서만 가능했던 세계속으로 여정을 떠나며 영화는 시작한다.

과거 어린 시절의 월터는 현재의 모습처럼 따분하거나 무기력하지 않았다. 모히칸 머리를 하고, 스케이트보드를 잘 타는 아이였다. 유럽여행을 떠나기 위해 준비도 했었지만 갑작스러운 아버지의 죽음으로 꿈을 접고 가족의 생계를 책임지려 피자집에서 아르바이트를 시작한다. 현실의 벽 앞에서 꿈을 접고 따분한 일상을 상상으로만 극복해 온 그의 삶은 우리의 현실과 별반 다르지 않다.

월터는 종종 상상에 잠긴다. 자신에게 무례하게 구는 구조조정 담당자와 몸싸움을 벌이거나 대들기도 하고, 짝사랑 상대에게 애정을 표현하기도 한다. 가스 폭발이 일어날 때 뛰어들어 마치 슈퍼히어로처럼 그녀의 개를 구출해내기도 한다. 이것은 모두 월터의 상상 속에서 이루어지는 일들이다.

상상은 왜 하는 것일까? 상상은 현실에서 이루어질 수 없는 것을 해소하기 위해, 수많은 좌절 속에서 살아가기 위해서 필요하다. 상상은 내적인 만족감을 얻음과 동시에 행복감을 유지하기 위한 방법에서 비롯된다고 할 수 있다. 상상 속에서는 현실과 다르게 무언가를 이룰 수 있기 때문이다.

상상-想像
생각할 상(想), 형상 상(像)

- 아직 일어나지 않은 일이나 존재하지 않은 대상을 머릿속으로 그려보는 것
- 현재의 머릿속에 없는 표상을 만들어내는 마음의 작용

아인슈타인은 종종 상상력이 지식보다 더 중요하다고 말했다. 창의적으로 생각하는 사람들은 절대로 일어나지 않을거라고 믿는 일들을 상상하기도 한다. 상상이나 창의적인 생각을 억누르를 때 가장 효과적인 방법은 '안 돼'라고 하는 것이다. 상상을 현실로 만들 수 있는 건 상상의 공간에 있거나 생각에 머물지 않고 지금 당장 상상을 행동으로 옮기는 것이다. 그러면 자신이 원하는 꿈, 원하는 세상에 조금 더 가까이 닿아있는 자신을 발견할 것이다.

시련 또한 행복의 요소

우리는 매 순간 선택의 기로에 놓이게 된다. 그런 상황과 대면하는 순간에 우리들은 두 가지 중 하나를 선택한다. 정면돌파 하며 맞서서 직면하거나, 외면하고 무시하며 현 상황을 회피하는 것이다. 세상을 바꾸는 리더들은 나이를 불문하고 두드

러진 공통점이 있다. 그것은 큰 시련을 극복했다는 것이다. 하루, 이틀 또는 단기간에 극복할 수 있는 어려움이 아닌, 그 누구도 쉽사리 극복하기 힘든 현실에 부딪혀 어려운 난관에 처했지만 리더 들은 그것을 발판으로 삼아 성공의 원동력으로 삼았다.

자신의 삶의 주인공은 그 누구도 아닌 자기 자신이다. 각자의 방식으로 살아가는 것이기에 누구나 주인공이다.

라이프지의 모토

To see the world,
things dangerous to come to,
to see behind walls, to draw closer
to find each other and to feel
that is the purpose of life

"세상을 보고 무수한 장애물을 넘어 벽을 허물고 더 가까이 다가가 서로를 알아가고 느끼는 것이 바로 우리가 살아가는 인생의 목적이다."

영화 속에서 반복해 등장하는 이 대사는 주인공 월터가 근무 중인 사진 전문잡지 라이프의 모토이자 영화가 말하고자 하는 핵심이다. 이 문구는 1936년 [라이프] 창간 당시 발행인인 헨리 루스(Henry Robinson Luce)의 실제 라이프지의 모토에서 영감을 받아 영화적으로 다듬은 것이다.

사진보다 중시한 것

'아름다운 것들은 관심을 바라지 않지.'
'언제 찍을 거예요?'
'어떤 때는 안 찍어.'
'아름다운 순간을 보면 카메라로 방해하고 싶지 않아. 그저 그 순간 속에 머물고 싶지. 그래 바로 저기 그리고 여기 … '

사진을 위해 일생을 바친 인물이지만 진정으로 아름다운 순간은 카메라로 방해하지 않고 그저 그 순간 속에 머문다는 숀 오코넬의 말은 깊은 여운을 남긴다. 여행을 가서 추억을 남기려 찍는 사진이 아니더라도 우리는 매 순간을 휴대폰이나 카메라를 통해 담으려고 한다. 디지털 카메라의 보편화로 인해 자연스럽게 노출되어있는 관성적인 셔터누름은 잠시 놓아도 될 것이다.

우리의 힘 더 나은 세상을 상상하는 것

베스트셀러의 작가인 조앤 K. 롤링(Joanne K. Rowling)은 2008년 6월 하버드대 졸업식에서 자신의 인생스토리를 바탕으로 한 이야기를 들려준다. '살다 보면 누구나 반드시 실패를 하게 된다. 극도로 몸을 사리고 조심하면 실패를 면할지도 모르지만 그렇게 사는 것은 삶이 아니다. 실패가 두려워 아무런 시도조차 하지 않는다면 그것은 실패한 것이 없어도 삶 자체가 실패다.'

상상력은 인간만이 갖고 있는 독특한 능력으로, 인간은 상상을 통해 현실에 존재하지 않는 것을 생각할 수 있고 따라서 상상력은 모든 발명과 혁신의 원천이라 할 수 있다. 상상력의 가장 큰 위력은 우리가 직접 경험하지 않고도 다른 사람들의 경험에 공감할 수 있도록 해주는 힘이다. 인간에게는 타인의 마음을 읽고 타인의 처지에 자신을 놓아 이해하는 능력이 있다. 어떤 이는 이러한 능력을 다른 사람을 이해하거나 공감하는데 쓰기보다는 다른 사람을 자기 마음대로 통제하고 조종하는 데 쓸 지도 모른다. 많은 사람들이 자신이 가진 이러한 상상력을 전혀 사용하지 않고 사는 편을 택한다. 이들은 자신이 직접 경험한 세상의 경계선 안에서 편안하게 사는 편을 택하고 자신이 지금과 다른 환경에서 태어났다면 어떠했을지 느껴보려고 애쓰지 않는다. 그들은 자신의 삶에 직접적인 영향을 미치지 않는 한 다른 사람의 고통에는 관심을 기울이지 않고 마음의 문을 닫아버린다. 그들은 무슨 일이 일어나고 있는지 알려고도 하지 않는다.

상상하지 않는 삶을 사려고 애쓰는 사람들은 더 많은 괴물을 만나게 된다. 그리고 그런 사람들은 더 큰 두려움에 시달린다. 타인과의 공감을 거부하는 행위는 진짜 괴물들이 힘을 휘두를 능력을 갖게 만든다. 우리가 스스로 악을 행하지는 않아도 악이 행해지는 상황을 외면하면 악의 공모자나 다를 바 없다.

'세상을 바꾸는 데 마법은 필요 없다. 우리 자신은 이미 세상을 바꿀 힘을 지니고 있다. 우리는 더 나은 세상을 상상할 수 있는 힘을 지니고 있다.'

'해리 포터'를 쓰기 전 자신의 삶의 여정을 연설로 시작한 그녀는 처절했던 밑바닥 생활은 내가 인생을 새로 만드는 데 굳은 기반이 됐다고 강조한다.

'역경을 거치기 전에는 진정으로 자신을 알 수 없으며, 실패를 경험하고 이를 극복하면 더욱 강하고 현명해진다. 또한 상상력은 인간만이 가진 능력일 뿐 아니라 존재하지 않는 것도 눈에 보이게 만드는 능력으로서 발명과 혁신의 원천이다. 여러분은 이런 능력을 주위의 어려운 사람을 위해 사용해 주길 바란다.'

그녀의 연설은 졸업생들의 기립박수를 이끌어냈다.

🎞 같이 봄

상상한 것 적어보기

💬 내가 상상하는 것은

💬 내가 상상하는 것은

💬 내가 상상하는 것은

💬 내가 상상하는 것은

💬 내가 상상하는 것은

💬 내가 상상하는 것은

💬 내가 상상하는 것은

03

몰입: 내가 '나'일 수 있는 시간

" 빌리 엘리어트 "

빌리 엘리어트
(Billy Elliot, 2000)

제목: 빌리 엘리어트/Billy Elliot, 2000
장르: 드라마, 가족, 코미디
배우: 제이미 벨, 줄리 월터스, 게리 루이스
감독: 스티븐 달드리
개봉: 2001. 02. 17

행복의 한 쪽 문이 닫히면 다른 쪽 문이 열린다.
그러나 흔히 우리는 닫힌 문을 오랫동안 보기 때문에 우리를 위해 열려있는 문
을 보지 못한다.

- 헬렌 켈러

🎞 새겨봄

　　영화 빌리 엘리어트는 영국 북부의 탄광촌을 배경으로 광부들의 파업이 한창인 1984~1985년을 중심으로 소년의 성장기를 담고 있다. 소년 빌리는 치매에 걸린 할머니, 가부장적인 아빠, 그리고 형과 함께 살아가고 있다. 평생 탄광부로 살아온 빌리의 아버지 제키는 생활고로 인하여 엄마의 체취가 베인 피아노까지 땔감으로 사용한다. 남자아이라면 권투나 레슬링을 해야 한다는 아빠의 강권에 빌리는 사각의 링에 서게 되지만, 빌리의 마음을 사로잡은 건 권투가 아니었다. 권투를 배우는 순간에도 몸의 끌림은 발레를 향하고 있었다.

　　빌리의 형 토니와 아버지 제키, 그리고 함께 일을 하고 있는 사람들은 시위에 참여하게 되고 경찰들과 충돌을 일으킬 때에도 빌리는 춤을 춘다는 사실을 숨긴 체 발레 수업을 이어나간다.

그러나 빌리가 한 달 동안이나 권투장에 나오지 않았다는 말을
권투 코치에게 들은 제키는 수업료를 다른 곳에 썼다는 사실을
확인하게 되고 분노한다.

   빌리의 춤 재능을 일찍이 알아 본 윌킨슨 부인은 빌리에게
런던에 위치한 발레단의 오디션을 볼 것을 제안한다. 발레학교
오디션에 도전한 빌리는 심사위원들 앞에서 탄탄한 기본기나, 리
드미컬한 동작을 보여주지 못한다. 그 모습을 바라 본 심사위원

들은 어이없는 표정을 짓거나 당혹스러운 표정을 한다. 빌리의 오디션을 보고 심사위원 중 한 명이 질문을 던진다.

몰입(flow)

심사위원: 네가 춤을 출 때 어떤 기분이니?

빌   리: 모르겠어요. 그냥 기분이 좋아요. 조금은 어색하기도 하지만 한 번 시작하면 모든 걸 잊게 되고 … 그리고 … 사라져 버려요. 사라져 버리는 것 같아요. 내 몸 전체가 변하는 기분이죠. 불이 붙은 느낌이에요. 전 그저 … 한 마리의 나는 새가 되죠. 마치 전기처럼 … 네 … 전기처럼요.

그 순간, 심사위원들의 얼굴에 알 듯 모를 듯 뭔가가 스쳐 지나간다. 한 소년에게서 발견하는 춤의 진실. 몰입상태의 무아지경에 빠진 모습이다. 정형화된 모습의 동작이 아니라 그 순간에 있던 모습. 심사위원들이 한 소년의 가능성을 발견하는 순간이다. 이렇게 몰입은 사람들을 감동시킨다. 이렇게 몰입은 세상을 잊게 만든다. 몰입은 시간을 멈추게 하고 결국 몰입은 자기 자신이 어디에 있는지 조차 잊게 만든다. 그리고 이 몰아의 경험 뒤에는 괄목할만한 성장이 기다리고 있다.

아인슈타인은 '하나의 목적에 자신의 온 힘과 정신을 다 해 몰두하는 사람만이 진정 탁월한 사람'이라고 했으며, 토마스 에

디슨은 '그 많은 사람들이 정해진 시간을 한 가지 방향으로만 사용하고 한 가지 목표에만 집중한다면 그들은 성공할 것이다. 문제는 사람들이 다른 모든 것을 포기하고 매달리는 단 한 가지 목표를 갖고 있지 못하다는 것'이라고 말했다.

몰입(flow) 이론의 창시자 미하이 칙센트미하이 심리학 교수는 일에서 행복을 느끼는 사람들은 일이 주는 외부적인 지위, 명예, 권력, 보상 등에 관심과 가치를 두지 않고, 자신이 하는 일상의 활동 자체에서 주는 기쁨을 중요하게 생각한다고 말한다. 부를 통해서 얻을 수 있는 행복은 한계치가 있으며 이를 뛰어넘는 행복은 몰입에서 온다고 한다. 몰입이란, '어떤 일에 집중하여 내가 나임을 잊어버릴 수 있는 심리적 상태'라 정의했다.

몰입은 물 흐르는 것처럼 자연스럽고 편안한 상태이다. 어떤 행위에 깊게 몰입하여 시간의 흐름이나 공간, 더 나아가서는 자신에 대한 생각까지도 잊어버리게 될 때를 일컫는 심리적 상태이다. 재미있는 일을 했을 때, 좋아하는 일을 할 때, 즐거움 또는 행복과 같은 개념으로 여겨진다. 우리 모두는 몰입 상태를 경험하게 될 때, 그 사실에 행복해하고 계속 그 상태로 남아 있기를 원한다. 그러나 몰입은 단순한 기쁨이나 열중할 때의 느낌이 아니다. 완벽한 심리적 몰두라고 표현하는 것이 더 정확하다.

빌리가 발레 오디션을 볼 때 다른 것을 생각하지 않고, 그 순간에 있는 것, 하는 일과 무관한 것은 까맣게 잊어버리는 순간이 몰입이다. 친구, 아빠, 형 등 여러 상황들에 대해서 한 동안 사라져버리는 것이다. 이러한 순간에는 자의식도 사라진다. 시간은 빠르게 흐르는 것처럼 여겨지고 이러한 경험의 요소들을 모두 수반하는 일은 그 자체로 할 만한 가치가 있을 것이다. 이런 현상적 차원들을 묶어서 '몰입'상태에 있다고 말한다.

누구나 한번쯤 경험해 보았을 이것이 바로 창조와 행복의 가장 핵심적인 개념 중 하나, 동양에서는 '물아일체(物我一體)'나 '무아경'으로 이미 파악한 몰입의 개념이다. 즐거운 경험에는 몇 가지 공통분모가 있다. 난이도와 균형을 이루는 것 말고도 '뚜렷한 목표와 규칙'이 있다는 것이다. 지금 무엇을 해야 하고, 그 다음에는 무엇을 해야 하는지 분명히 아는 것이다. 몰입을 경험하기 위해서는 과제의 난이도와 본인의 실력이 모두 높은 수준에서 균형을 이루고 있어야 한다. 과제에 비해 실력이 모자를 경우 불안과 걱정이 앞서고 반대의 경우 느긋함과 권태로 이어져 진정한 의미의 몰입을 경험하기 어렵다. 여기서 주목할 점은 과제의 주관성에 있다. 청소와 같은 일상적인 활동도 동기부여를 통해 높은 수준의 과제로 격상시킬 경우 본인의 기술을 발휘할 수 있는 몰입이 될 수 있는 것이다.

적극적이고 능동적인 활동

몰입은 누구나 경험할 수 있다. 이 경험은 수동적인 활동(TV보기, 낮잠 자기, 휴대폰 만지기 등)보다는 적극적이고 능동적인 활동(동아리 활동, 운동하기, 악기 배우기 등)을 통해 주로 이루어진다. 수동적인 활동은 몰입 경험을 가져다주지 않고 적절한 수준으로 실력이 쌓이거나 하지 않는다. 주말에 아무 것도 안 하고 쉬었을 때 오히려 더 피곤함을 느끼거나 신체적으로 불편이 증가하기도 한다. 그런가하면 능동적인 활동은 몰입 경험을 할 수 있기 때문이다.

몰입 상태를 경험하는 사람은 심리적 에너지를 자신이 선택한 목표를 성공적으로 수행하는 데 대부분 사용하기 때문에 더 강하고 자신에 찬 자아를 형성한다. 가능한 한 자주 몰입을 경험할 수 있도록 우리가 의식을 조절 할 수 있다면 삶의 질은 저절로 향상되게 마련이다. 몰입할 수 있는 행복한 일을 찾을 때 비로소 나다워진다. 성적에 목숨 걸지 않고, 졸업과 동시에 취업을 하지 못할까 전전긍긍하기 보다는 자신의 속도에 맞춰 공부할 수 있게 허락한다면 우리는 행복한 경험을 할 수 있고 자신뿐만 아니라 주변을 행복으로 물들일 것이다. 만일 우리가 스스로를 그리고 자녀와 주변 사람들을 불행의 쳇바퀴에서 벗어나게 하고 싶다면, 기존의 사회에서 당연시하고 없어서는 안 될 것처럼 세뇌시키던 가치를 벗어던질 용기가 필요하다. '미래의 행복'이라는 달콤한 환상에 갇혀서 사는 것이 아니다. 자신의 삶을 긍정할 수 있고, 감사할 수 있고, 행복할 수 있게 된다면 이 사회는 건강한 방향으로 자연스럽게 변하게 될 것이다. 우리가 좀 더 자주 몰입 경험할 수 있도록 우리의 의식을 조절하면 삶의 질은 저절로 향상될 것이다.

　즐겁고, 행복한 일을 하고 있을 때 비로소 진정한 나를
만나는 시간이다.

🎞 같이 봄

💬 집중을 하려고 할 때 방해가 되는 요소들은 무엇이 있나요?

예) 휴대폰
    책상 위에 쌓여 있는 책들
    인터넷 검색
    해결할 수 없는 여러 가지 생각들

1.

2.

3.

4.

5.

🎬 같이 봄

💬 '언제 가장 행복할까?'라는 물음은 몰입의 시작입니다. 내가 몰입하기 위해서 단기적으로 변화시켜야 하는 목록이 있다면 적어보고, 그룹 활동을 통해 이야기를 나눠보도록 합니다.

1.

2.

3.

4.

5.

04

행복의 최소 조건

"행복을 찾아서"

행복을 찾아서
(The Pursuit of Happyness, 2006)

제목: 행복을 찾아서/The Pursuit of Happyness, 2006
장르: 드라마
배우: 윌 스미스, 제이든 스미스, 탠디 뉴튼
감독: 가브리엘 무치노
개봉: 2007. 02. 28

인간이 불행한 것은 자기가 행복하다는 것을 모르기 때문이다.
이유는 단지 그것뿐이다.
오직! 그것을 자각한 사람은 곧 행복해진다. 일순간에.

– 도스토예프스키

🎞 새겨봄

　의료기기를 판매하는 세일즈맨 크리스 가드너는 의료기를 한대라도 더 판매하고자 병원을 오가며 최선을 다하지만 현실은 녹록치가 않다. 집세를 내지 못해 쫓겨나야 하는 상황에 처하자 집 주인에게 페인트칠을 직접 하겠다며 애원하는가하면 아내와의 사이도 원만하지 않다. 급기야 지하철 화장실에서 아들과 함께 잠을 자야하는 극한 상황에까지 봉착하게 된다.

생존은 인간의 본능

영화에서 크리스 가드너는 열심히 뛰어 다닌다. 샌프란시스코 거리를 달리는 그의 삶은 전쟁터이자 정글이다. 아들과 함께 생존을 위해 '의료 장비를 든 맹수'처럼 열심히 질주한다. 인간의 행복은 어디에서 오는가? 『행복의 기원』 저자인 서은국 교수는 행복하기 위해 사는 것이 아니라 살기 위해 행복감을 느끼도록 설계된 것이 인간이라는 것을 밝히고 있다. 더 냉정하게 표현한 내용을 인용하면, 인간은 생존 확률을 최대화하도록 설계된 '생물학적 기계'고 행복은 이 청사진 안에서 아주 중요한 역할을 한다는 것이다.

미국 캔자스 의대 교수이자 정신분석학자인 칼 메닝거에 의하면, 행복이란 단어 'happiness'는 본래 옳은 일이 자신 속에 일어난다는 뜻을 가진 'happen'에서 나온 말이라고 한다. 행복이란 글자가 가진 뜻과 같이 어원에서 밝혀주듯, 행복은 그 사람의 성과인 것이며, 우연히 외부에서 찾아온 행운이나 운명의 힘, 일시적인 쾌락 따위가 아니라는 것이다. 『행복을 찾아서』의 '행복'이 'happiness'가 아닌 'happyness'이다. 주인공 크리스 가드너가 아들을 데려다 주러 간 샌프란시스코의 차이나타운의 보육원 담벼락에 있는 글귀이다. 가드너는 이를 보며 누가 한 낙서인지 철자 하나 제대로 모른다고 말한다. 어쩌면, 행복의 'i' 즉 '나'란 존재가 또 다른 행복의 'y'. 즉, '너'란 존재가 된다면 함께 행복할 수 있는 것 아닐까? 기존의 행복 공식의 방향을, 영화가 내세우는 것은 지속가능한 행복의 신화가 아니라, '행복'이란 무지개를 쫓기까지의 지난 한 '과정'이다.

행복 추구권 = 순간을 사는 것

영화 '행복을 찾아서'의 원제는 '행복추구권(The Pursuit of Happyness)'이다. 아내가 떠나겠다는 통보를 하는 공중전화 박스 안에서 버스에 올라타기 전 동전을 바라보며 중얼거린다. '토마스 제퍼슨의 독립선언문이 생각났어요. 삶, 자유, 행복 추구권 부분이요.' '행복 추구권'이라고 적어놓은 건 행복을 성취하려고 아무리 애써도 결코 가질 수 없다는 것을 의미하는 것이 아닐까?

긍정적 사고와 부성애(愛)

　하룻밤 잠을 청할 곳이 없어 지하철역 대합실에 부자가 앉아 있다. 의료 장비의 버튼을 누르고 타임머신을 탄다. 그 순간 공룡들이 서식하는 공간으로 바뀌고 무서운 공룡들을 피해 안전한 곳으로 대피하자며 손을 잡고 들어간 곳은 화장실이다. 이 순간만큼은 포로수용소를 술래잡기 놀이터로 만들어 버린 '로베르토 베니니'의 '인생은 아름다워'가 오버랩 된다. 휴지로 만든 잠자리 위에 아들을 뉘인 후, 눈물을 흘리는 크리스 가드너의 얼굴을 보고 있으면 '부성애'의 삶이 마음을 적신다. 화장실에서 새우잠을 잘 때도, 그가 아들에게 가장 많이 하는 말은 '나를 믿어'라는 것이다. '나를 믿어' '아버지를 믿어' 애비가 자식에게 해줄 수 있는 두렵지만 가장 하고 싶은 말. 믿음. 그는 이 아버지의 믿음으로 산 같은 현실을 헤쳐 나간다.

누구한테서라도 '넌 할 수 없어'란
소리를 들어서는 안 된다

🎞 같이 봄

🎞 영화 주인공 '크리스 가드너'처럼 유치장에 갇혀 있는 상황에 있다가 나온다면, 이후 어떤 행동을 할 수 있을까요?

🎞 아들과 함께 지하철 대합실에서 의료기기를 타임머신이라 말하는 장면이 나옵니다. 만약, 타임머신을 타고 과거, 현재, 미래 어디든 갈 수 있다면 어디로 가고 싶나요?

🎞 행복추구권이란, 헌법에 보장되어있는 국민이 인간으로서의 행복을 추구할 수 있는 권리라고 합니다. 어떤 것을 추구하고 싶나요?

05

당연한 것의 행복

" 잠수종과 나비"

바라봄

잠수종과 나비
(Le Scaphandre Et Le Papillon, 2007)

제목: 잠수종과 나비/Le Scaphandre Et Le Papillon, 2007
장르: 드라마
배우: 마티유 아말릭, 엠마누엘 자이그너, 마리 조지 크로즈
감독: 줄리안 슈나벨
개봉: 2008. 02. 14

해야 할 것을 하라.
모든 것은 타인의 행복을 위해서, 동시에 나의 행복을 위해서이다.

- 톨스토이

🎬 새겨봄

세계적인 패션잡지인 [엘르] 편집장이던 장 도미니크 보비가 전신마비로 인해 자유롭게 움직였던, 움직일 수 있는, 움직여야하는, 움직이고 싶은, 몸이 잠수종 안에 갇혀있다. '잠수종(潛水鐘, diving bell)과 나비'라는 영화 제목에서 암시하듯 전신 마비로 인해 스스로는 움직일 수 없는 상태로 살아가고 있는 주인공 '보비'의 이야기가 깊은 바다에서 세상 밖으로 나왔다. 그저 산다는 것이 기적이다.

'한 인간에게서 모든 것을 빼앗아 갈 수는 있지만, 한 가지 자유는 빼앗아 갈 수 없다. 바로 어떠한 상황에 놓이더라도 삶에 대한 태도만큼은 자신이 선택할 수 있는 자유이다.' 아우슈비츠 수용소에서 죽음의 문턱까지 갔던 정신과의사 빅터 크랭클(Victor Frankl)의 말이다.

삶은 누구에게나 주어지지만 이 영화를 본 후로는 어떠한 상황에 놓이더라도 삶에 대한 태도만큼은 자신이 선택할 수 있는 것이 진정한 자유라는 것을 깨닫게 된다. '자신이 선택할 수 있는 자유'란 말에 턱 숨이 막혔다. 알파벳 신호를 만들어 20만 번이라는 눈 깜빡임을 통해 소통을 한 주인공의 삶을 담고 있기에 상상으로는 전혀 느낌이 오지 않아 왼쪽 눈을 몇 번 깜빡거렸다. 비록 보비는 몸에 갇혀 꼼짝을 할 수 없는 상황이지만 한 마리 나비가 훨훨 날아가듯 영혼은 깨어있다. 보비가 1955년 12월, 뇌졸중으로 쓰러져 아무것도 할 수 없는 상황에서도 침묵에 빠진 육체가 자유로운 영혼의 나비처럼 훨훨 날을 수 있었던 건 움직일 수 있는 왼쪽 눈 뿐이었지만 세상과 소통하기엔 충분 했다. 그는 눈을 깜빡이는 횟수로 단어를 정하고 언어치료사가 대필하는 방식으로 나온 책이 출간된 지 8일 후에 눈을 감는다. "고이다 못해 흘러내리는 침을 삼킬 수만 있다면 세상에서 가장 행복한 사람이다." 보비의 마지막 말이다.

소통

언어치료사는 보비에게 문자판을 보여주면서 말하고 싶은 것들을 언어로 표현할 수 있게 도와준다. 그 문자판은 알파벳 순서가 아니다. 많이 쓰는 문자를 앞으로 오게 한 문자판이다. 이 문자판을 언어치료사가 순서대로 읽어나가다가 보비가 말하고 싶은 문자가 나오면 눈을 깜박이는 식이다. 언어치료사가 보비의 눈을 바라보며 문자판을 읽는 장면은 가슴 찡하게 하는 잊을 수 없는 장면이다.

"오 에스 아 에 이 엔 디 …"

보비가 이 문자판을 이용해 처음으로 건넨 말은 "나는 죽고

싶다"였다. 보비가 자신이 말하고자 하는 것을 표현하자 언어치
료사는 크게 상심해서 뛰쳐나가 버린다. 그러나 잠시 뒤 그녀는
다시 돌아와서 자신이 화를 냈던 것에 대해 사과하면서 보비의
마음을 이해하고 보듬어준다.

영감 받은(inspired) & 감사(gratitude)

영감(靈感)이란 사전적 정의는 '창조적인 일의 계기가 되는,

번득이는 착상이나 자극', '신령스러운 예감이나 느낌'이다. 영감이란 보통의 인간에게서는 쉽게 기대되지 않는 성취나 행동을 목격했을 때 우러나는 고취의 감정 상태로, 영감의 상태가 행복의 또 다른 요소이다. 영감과 닿아있는 또 다른 정서는 감사와 경외감이 있다. 영감, 감사, 경외감, 이 세 가지는 자기만의 경계를 벗어나게 하는 초월적 감정들이다. 영감을 통해 인간의 한계를 뛰어넘는 탁월함을 경험하고, 감사를 통해 자기와 연결된 타인들과 자연 그리고 신을 인식하게 되며, 경외감을 통해 자기보다 더 거대한 존재들을 느끼게 된다고 서울대 심리학과 최인철 교수는 정의했다. 보비는 가까운 가족, 세상과 소통하기 위해 말을 할 수 없을 뿐만 아니라 자신의 욕구에 의한 필요한 것조차 혼자 힘으로는 할 수 없는 상황이다. 이 영화는 의사소통은 언어의 틀에서만 가능하다고 여겼던 생각이 얼마나 부질없는지 깨닫게 한다. 그는 멈추지 않고 왼쪽 눈을 통해 세상과 소통한다.

"우리 둘 다 정신은 멀쩡하지만 꼼짝 못하는 신세는 똑같구나"

보비의 병실에 전화벨 소리가 들린다. 보비의 정신적인 지주였던 아버지 역시 거동이 불편해 집 밖으로 나올 수 없는 상황이 전화기 너머로 전해온다. 그 상황이 안타까워 수화기 너머 울먹이는 아버지의 목소리를 듣고, 눈을 깜빡여 다른 사람의 목소리로 울지 말라는 말을 전하는 보비의 눈에도 눈물이 맺힌다. 사

랑하는 아들의 목소리조차 듣지 못한 채 "보고 싶다."라고 말하
는 장면은 "이래가지고 무슨 말을 하겠어! 말하려고 한 것도 다
까먹었어!"라고 사고 나기 전 보비가 아버지를 면도해 주는 장면
과 오버랩 되어 먹먹함을 오래 머물게 한다.

같이봄

🗨️ 눈을 감고 자신의 몸에 잠시 머물러봅시다. 자신의 몸에 대한 감사의 시간을 갖도록 합니다. 자신을 가장 힘들게 했던 신체 부위에 대해 말을 건네보세요.

예) 심장: 내가 숨을 쉴 수 있도록 해줘서 고마워!
　발: 나를 지탱해주느라 얼마나 힘들었니?
　손: 내가 먹을 수 있게, 친구에게 메시지를 보낼 수 있게, 글을 쓸 수 있게 해주느라 애썼어.

　머리 −

　가슴 −

　팔 −

　다리 −

　발바닥 −

같이봄

💬 자신 만의 나비를 그려보세요.

06

행복의 기준

"소공녀"

🎞 바라봄

소공녀
(Microhabitat, 2017)

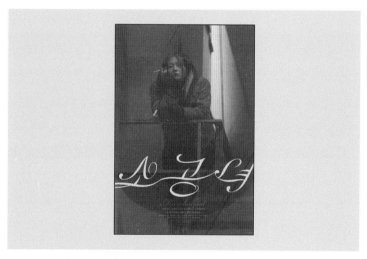

제목: 소공녀/Microhabitat, 2017
장르: 멜로/로맨스, 드라마
배우: 이솜, 안재홍, 강진아, 김국희, 이성욱
감독: 전고운
개봉: 2018. 03. 22

어떤 사람은 자기가 늘 불행하다고 한탄한다.
자신이 행복하다는것을 깨닫지 못하기 때문이다. 행복은 누가 주는 것이 아니라, 스스로 찾는 것이다.

– 도스토예프스키

🎞 새겨봄

영화 '소공녀'는 에이리 프롬의 '소유냐 존재냐'라는 인간 생존의 두 가지 양상을 극명하게 보여주는 작품이며 세상을 바라보는 '태도'에 관한 영화이기도 하다. 재산이나 지식을 쌓는 것, 사회적 지위가 올라가는 것 또는 권력을 가지기위해 열망하는 등 '소유'에 가치를 둘 것인지 삶의 환희를 확신하는 '존재'에 둘 것인지를 묻는 영화다. 진정한 나로서 '존재 한다'는 것은 어떤 관념이나 일반화 되어있는 것을 믿는 것이 아니라 각자 자신이 지향하는, 각자의 프레임이다.

담배를 사랑하고 있거나 한때 담배를 사랑했던 사람들, 월세가 없어도 술을 마시는 사람들, 하고 싶은 일을 하느라 가난한 사람들에게 춥고 지독한 서울에서 만난 게 그래도 반갑다는 말이 하고 싶어서 이 영화를 만들게 되었다고 '전고운' 감독은 말한다.

소공녀 = Microhabitat = 小空女

영화 소공녀의 제목의 의미는 프랜시스 버넷 원작의 소공녀《A Little Princess》가 아니었다. 영어로 'Microhabitat' 미생물, 곤충들의 아주 작은 서식 환경지라는 뜻이다. 영화 주인공의 이름 '미소'가 smile이 아닌 微小, Microhabitat 즉, 미생물의 최소 생활단위 만을 의미하는 것으로 이름에 대한 선입견을 깼다.

주인공 미소는 자신의 아주 작은 공간마저 팍팍한 삶에 내어놓는다. 그가 몸을 뉘일 수 있는 공간, 오직 몸 하나 들어갈 크기만큼의 작은 공간이면 어디든지 그의 집이 된다. 집보다는 서식지라는 표현이 더 어울렸다. 더할 나위 없이 작은 그의 서식지는 험난한 세상 속에서 자주 바뀐다. 누군가는 그 모습이 처량하다고 여길 수 있지만 누구보다 자유롭게 살아가는 존재일지 모른다. 우리가 살아가는 도시에서는 '내 집 마련'을 목표로 치열하게 살아가지만 미소는 자기가 좋아하는 것만을 향해 세상을 여행한다. 하루를 마치고 잠 잘 곳을 전전긍긍해야하는 모습을 누군가는 철없다고 하겠지만, 스스로에게는 언제나 자유로운 영혼의 날개를 달아준 주인공이다.

주체로서의 삶

3년 차 가사도우미 미소는 난방도 제대로 안 되는 춥고 좁은 단칸방에 살지만 자신이 만들어 놓은 확고한 기준이 있다. 첫째, 하루 한 잔의 위스키. 둘째, 일상의 작은 쉼을 주는 한 모금의 담배. 셋째, 사랑하는 남자친구와의 소소한 데이트.

새해가 되자 올라버린 집세, 덩달아 올라간 담배와 위스키 가격까지. 미소는 현실에 타협하지 않고 '집'을 포기한다. 인간 생활의 3대 요소라고 불리는 집을 포기했지만 자신의 취향을 확실하게 알고 주체적으로 살아가는 '미소'의 모습은 누군가에겐 비현실적으로 보여 질 수 있지만, 미소는 '자신만의 삶'을 추구하며 살아간다.

'아직도 위스키 마셔? 담배는 아직 피더라. 요즘 담배 값 많이 올랐다던데 … 집이 없을 정도로 돈이 없으면 나 같으면 독하게 끊었겠다.'

'알잖아, 나 술, 담배 사랑하는 거'

'아유~ 그 사랑 참 염치없다.'

'뭐가 없어?'

'염치! 하하 … 염치가 없어. 나 솔직하게 말할게. 난 네가 염치가 없다고 생각해. 네가 제일 좋아하는 게 술, 담배라는 것도 솔직히 진짜 한심하고 그것 때문에 집도 하나 못 구해서 우리 집에 와서 지내면서 그런 것 까지 이해해 달라는 게 뭔가 네가 잘못됐다는 생각은 안 드니?'

'미안해 난 언니가 그렇게까지 불편해 할 줄을 몰랐어.'

'아니 왜 몰라 그걸? 방이 아무리 많아도 남이 우리 집에 오랫동안 있으면 신경

이 쓰이는 법이다.'

'난 아니니까. 난 아무리 좁은 방에 친구들이 와서 자도 난 반갑고 좋으니까.'

단지, 집이 없다는 이유만으로 객관적인 생각을 삶의 정당성으로 적용시켜야하는 것일까? 위 대목은 술, 담배를 끊고 그 돈을 모아서 집을 마련하면 참 열심히 잘 살았구나. 라고 말할 수 있는 것인지의 대한 물음이다. 누구나 잘 알고 있는 방식으로 살아가는 게 삶과 타협하기엔 좋을 수 있다. 미소는 만나는 지인들에게 '이렇게 살아라 ~ '하고 판단하거나 충고하지 않는다. 쉼이 필요한 사람에게는 대신 일을 해주고, 따스한 온기가 필요한 이에겐 밥을 해 줄 뿐이다. 그저 자신의 삶의 방식에 대해 선을 넘었을 때 한 마디 건넬 뿐이다.

"집이 없어도 생각과 취향은 있어."

영화 [리틀 포레스트]에서 자신만의 삶을 위해 고향으로 돌아온 '재하'와 직접 키운 농작물로 한 끼의 소담스런 밥을 먹는 '혜원'이 소공녀의 미소와 비슷하다. 잠시 쉬어가도 괜찮고, 삶의 방식이 달라도 괜찮음을 보여준다. 자신이 가진 것을 남들에게 의도적으로 보여주려고 집착하지 않는다. 집착하면 할수록 무엇을 '가지고' 있는 지에 의존하기 때문이다. 자신의 모습을 있는 그대로 보여주는 게 자신으로 '존재하는' 것이다. 그렇게 살아가

려면 타인의 시선에게 벗어나야하고 미움 받을 용기 또한 필요
하다.

👁 같이 봄

💬 소유(To Have) & 존재(To Be)에 대한 각자의 생각을 나눠 봅
니다(존재하는 삶 – 현재, NOW   소유하는 삶 – 과거, 미래).

– 존재하는 삶

– 소유하는 삶

07

행복의 조건

꾸베씨의 행복여행
(Hector and the Search for Happiness, 2014)

제목: 꾸뻬씨의 행복여행/Hector and the Search for Happiness, 2014
장르: 모험, 드라마
배우: 출연사이먼 페그, 로자먼드 파이크, 장 르노
감독: 피터 첼섬
개봉: 2014 . 11. 27

춤추라, 아무도 바라보고 있지 않은 것처럼.
사랑하라, 한 번도 상처받지 않은 것처럼.
노래하라, 아무도 듣고 있지 않은 것처럼.
살라, 오늘이 마지막 날인 것처럼.

– 꾸뻬씨의 행복여행 중

🎞 새겨봄

　헥터는 우울하거나 마음이 아픈 환자들을 치료하는 정신과 의사이지만 정작 본인도 행복하지 않은 삶을 살고 있다. 행복하지 않은 스스로에 대해 만족하지 못하고 '행복'은 도대체 어디에 있을까? 라는 화두를 품고 그 답을 찾기 위해 나선다. '목적지'도 없고 '언제 돌아올지' 기약 없는 여행은 그렇게 시작 된다. 다른 사람에게 공감과 관심을 갖고 살아가는 그가 자기 자신에게는 얼마나 관심을 주었을까?

　헥터의 행복여행은 중국, 유럽, 아프리카 등 멋진 풍경을 배경으로 이어진다. 새로 만난 인연들과 즐거워하고 행복해 하지만 납치를 당하는 등 때론 위험천만한 상황에 놓이며 다양한 경험을 하고 돌아오는 과정을 담은 영화이다.

인생은 여행

사람들을 만나 질문하는 것 중에 자주 하는 질문이 있다. '여러분에게 자유가 주어진다면 무엇을 하고 싶나요?' 이 질문에 가장 많은, 첫 번째로 나오는 답은 '여행'이다. 여행은 우리에게 어떤 것이기에 그토록 원하는 것일까? 여행은, 모든 것을 잊고 복잡한 일상에서 잠시나마 벗어날 수 있기 때문에 그 자체가 즐거움이고 설레는 경험이다. 늘 익숙하게 바라봤던 것들을 낯설게 볼 수 있고, 감사한 마음을 갖고 일상으로 돌아오게 한다. 행복감을 강하게 느끼게 하는 여러 활동이 있는데 그 요소들 중에는 먹기, 놀기, 걷기, 말하기 등이 있다. 여행은 이 모든 것들을 경험 할 수 있기 때문에 여행에서 행복감을 느끼고 갈망하는 것이다.

우리가 시간과 돈을 투자하는 소비에는 두 가지의 소비가 있다. 하나는 소유물을 위한 소비이고 또 하나는 체험을 위한 소비다. 소유물(옷, 휴대폰, 가방, 모자 등)을 샀을 때의 행복감은 단기간의 행복은 가져올 수 있지만 그리 오래 가지 못한다. 그런가 하면 여행을 통한 경험하는 소비는 한 사람의 인생을 바꿔놓거나, 더 크고 오랜 시간 행복감을 갖게 해 준다. 여행을 할 때는 좋은 명소로 소개가 된 곳을 가거나 대중매체에 나온 곳도 좋지만 자신만의 스타일이 중요하다. 예를 들면 나는 인도의 뿌네 지역에 숙소를 정해 한 달 정도 있거나 관심이 있는 어느 한 나라에 머물다 오는 방식이다. '내면으로 머무는 여행'을 하고 오는 것에 흥미를 갖고 있다.

행복은 어디에

헥터는 여행길에 '츄린 사원'이라는 곳으로 발길을 향한다. 사원에는 노승이 있었고, 그에게 가면 행복에 관한 이야기를 들을 수 있을 거란 막연한 기대감을 갖는다. 그를 만나 행복에 대한 현답을 구하지만 기대했던 행복의 비밀에 대한 답을 얻을 수는 없었다. 노승은 별다른 설명 없이 웃으며 한 마디를 건넨다. 여행을 마치면 다시 나를 만나러 이곳으로 오라.

헥터는 여행을 다니며 느낀 바를 작은 수첩에 적는다.
1. 자신을 다른 사람과 비교하지 않는 것이다.

2. 행복은 때때로 뜻밖에 찾아온다.
3. 많은 사람들은 자신의 행복이 오직 미래에만 있다고 생각한다.
4. 많은 사람들은 더 큰 부자가 되고 더 중요한 사람이 되는 것이 행복이라고 생각한다.
5. 행복은 알려지지 않는 아름다운 산 속을 걷는 것이다.
6. 행복을 목표로 여기는 것은 잘못된 생각이다.
7. 행복은 좋아하는 사람과 함께 하는 것이다.
8. 불행은 사랑하는 사람과 헤어지는 것이다.
9. 행복은 자기 가족에게 아무것도 부족한 것이 없음을 아는 것이다.
10. 행복은 자신이 좋아하는 일을 하는 것이다.
11. 행복은 집과 채소밭을 갖는 것이다.
12. 좋지 않은 사람에 의해 통치되는 나라에서는 행복한 삶을 살기가 더욱 어렵다.
13. 행복은 자신이 다른 사람들에게 쓸모가 있다고 느끼는 것이다.
14. 행복이란 있는 그대로의 모습으로 사랑 받는 것이다.
15. 행복은 살아 있음을 느끼는 것이다.
16. 행복은 살아 있음을 축하하는 파티를 여는 것이다.
17. 행복은 사랑하는 사람의 행복을 생각하는 것이다.
18. 태양과 바다, 이것은 모든 사람들에게 행복을 가져다준다.

영화 후반부에는 헥터가 자신의 감정을 알아보는 실험을 경험하게 된다. 자신을 억누르던 무언가를 상기하면서 어린 헥터가 지금 현재의 헥터로 교차되는 장면은 온전히 자신과의 만남을 통해 행복의 가치를 알아가는 모습이다.

행복여행을 끝내고 집으로 돌아가기 전 티벳에서 만난 승려와 대화를 한다.

"여행은 어땠나? 뭘 배웠나?"

"정말 굉장했어요. 100% 돌아갈 준비가 되었어요. 내 여자와 환자들에게 말할 거예요."

"뭐라고 말 할 텐가?"

"우리는 모두 행복할 능력이 있다!"

"그 보다 수준을 더 높여봐!"

"우리는 모두 행복할 권리가 있다!"

"더"

"아 … 알겠어요! 우리는 모두 행복할 의무가 있다!"

영화가 아닌 책에서도 여행 끝자락에 노승에게 찾아가 질문을 한다.

"행복을 목표라고 여기는 것은 잘못된 생각이라는 것은 무슨 뜻인가요?"

목표는 많은 일들을 이루게 하는 원동력이지만 행복은 결코 그런 것이 아니다. 행복을 목표로 삼는 다면 행복을 놓칠 가능성이 높고 행복에 도달할 수 있을지 알 수 없다. 진정한 행복은 지금 이 순간 존재하는 것이다. 인간의 마음은 행복을 찾아 늘 과거나 미래로 달려가기 때문에 현재의 자신을 불행하게 여긴다. 행복은 미래에만 만날 수 있는 목표가 아니라 현재의 선택이라고 할 수 있다. 지금 이 순간 행복하기로 선택한다면 얼마든지 행복할 수 있다.

✸ 같이봄

💜 내가 이루고 싶은 행복리스트를 구체적으로 작성해봅니다.
  – 이루고 싶은 이유도 함께 적어봅니다.

  1.

  2.

  3.

  4.

💜 행복 리스트를 적었다면 그 목표를 위해 작은 목표, 큰 목표,
  장애물, 응원메시지 등을 적어봅니다.

작은 목표	큰 목표	장애물	응원메시지

💔 '소유'를 목표로 했을 때 나타날 수 있는 것들은 무엇이 있는지 이야기를 나누어봅니다.

1.

2.

3.

💔 여행을 통해 얻을 수 있는 행복이 있다면 어떤 것들이 있는지 서로 이야기를 나누고 공통점을 찾아봅니다.

1.

2.

3.

08

슬퍼도 괜찮아

" 인사이드 아웃 "

🎞 바라봄

인사이드 아웃
(Inside Out, 2015)

제목: 인사이드 아웃/Inside Out, 2015
장르: 애니메이션, 코미디
배우: 에이미 포엘러, 필리스 스미스, 민디 캘링
감독: 피트 닥터
개봉: 2015 . 07. 09

행복은 우리 자신에게 달려 있다.

– 아리스토텔레스

🎬 새겨봄

영화 '인사이드 아웃'(Inside Out)은 애니메이션으로 제작 되어 아이들이 보는 영화라고 인식될 수 있지만 그런 선입견을 깨는 영화 중 한 편이다. '인사이드 아웃'(Inside Out)은 안쪽에 있다는 의미이다. 어쩌면, 외부의 시선을 안으로 돌리라는 뜻일 수도 있고, 마음에 깊숙이 숨겨져 있는 다양한 감정을 끌어내 대면해보라는 의미로 지은 제목일 수도 있다.

라일리의 아버지는 제2의 인터넷 혁명으로 샌프란시스코에서 새로운 사업을 시작하게 되고 그로인해 '라일리'가 겪게 되는 공간의 낯섦에 적응하는 것이 이 영화의 주된 줄기이다. 새로운 시대와 환경의 적응은 라일리에게도 쉽지 않다. 라일리는 우정, 가족, 정직 등의 가치를 상징하는 머릿속 섬들을 한 번에 붕괴시키고 새로운 섬을 만들어 가는 과정에서 다섯 가지 감정과 만나게 된다. 이 다섯 가지 감정을 의인화하고, 여기에 핵심 기억장치, 장기 기억장치, 꿈, 섬, 오래된 기억들이 조금씩 소멸되어 가는 과정을 탁월한 설정으로 그려냈다.

라일리의 머릿속에는 감정 컨트롤 본부가 있고, 그 안에는 기쁨, 슬픔, 버럭, 까칠, 소심 다섯 감정들이 살고 있다. 감정 컨트롤 본부에서는 다섯 감정들이 라일리가 보고 느낀 것을 바탕으로 감정을 표현한다. 그러나 기쁨이와 슬픔이가 감정 본부를 이탈하게 되고 감정들은 라일리가 다시 행복해지려면 기쁨이와 슬픔이가 본부로 돌아와야 한다고 여긴다.

기쁨, Joy | "모든 게 다 잘 될 거야!"

라일리의 감정 컨트롤 본부의 대장으로 선택된 '기쁨'이는 오랜 기간 라일리의 삶을 주도하고 책임져왔다. 낯선 환경 속에서 즐거움을 찾아 웃음을 선사하고 밝은 빛을 내며 긍정적인 생각을 하려고 한다.

슬픔, Sadness | "세상은 너무 슬퍼"

파란 빛깔과 눈물이 거꾸로 된 모습에서 보이듯 잘 하는 게 무엇인지 모르고, 라일리에게 어떠한 도움도 되지 않는다고 여기며 자신의 존재 자체가 오히려 주변을 힘들게 한다고 여긴다. 우유부단하고 무슨 일이든 망설인다. 움직임이 느리고 무기력하다.

버럭, Anger | "화가 난다 화가 나!"

일이 계획대로 이루어지지 않거나 누구든 자신을 얕잡아 보는 것 같으면 머리에서 불꽃이 나오며 버럭 화를 낸다. 참을성이란 찾아볼 수 없고, 쉽게 과민 반응하며 무슨 일이든 일단 화부터 내는 다이너마이트 같은 존재이다.

까칠, Disgust | "어쩌라고?"

세심하지만 직설화법으로 세상의 모든 불만을 독선적으로 표현한다. '라일리'가 전학 간 학교에게 만나는 친구들에게 기죽지 않도록 작년에 유행했던 패션 트렌드를 읽고 장소와 물건들을 매의 눈으로 바라본다.

소심, Fear | "앉으나 서나 걱정이군. …"

'소심'이의 주요 임무는 '라일리'가 새로운 상황에서 일어날 수 있는 모든 위험한 것들로부터 안전하게 보호해주는 것이다. 안절부절 눈만 뜨면 감시 모드로 들어간다.

행복을 위한 다양한 감정

영화에 등장하는 기쁨은 긍정적인 감정, 행복한 감정이고 슬픔, 버럭, 소심은 부정적인 감정이라고 우리가 보편적으로 생각하고 있는 감정에 대한 시각을 다르게 보라고 말하는 것 같다. 우리 안에 있는 감정은 저마다 중요한 역할을 한다. 하지만 불안하거나 두려움이 커지면 움츠러들거나 도전하지 않으려고, 화를 내거나 분노를 표출하는 건 절대 안 된다고 하는 것은 이러한 감정들을 부정적으로 인식하기 때문이다. 그렇다면 행복은 기쁘고 긍정적인 감정일까?

심리학에서 행복한 감정을 측정할 때에는 PANAS(Positive and Negative Affect Schedule)라는 도구를 사용한다. PANAS는 일정기간 동안 한 개인이 경험한 긍정 감정과 부정 감정의 정도를 측정하는 도구다. 여기에 포함된 긍정 감정과 부정 감정은 아래와 같다. 그런데 감정 상태를 측정하는 긍정, 부정 감정에는 '행복하다'는 감정이 포함되어있지 않다. 행복한 감정 상태는 본질적으로 매우 다양하다. 행복한 감정 상태를 실제로 측정하는 방법을 알고 나면 행복을 바라보는 관점이 유연해진다고 한다. 그렇지 못한 경우는 '행복은 하나의 옳은 길이 있다'고 생각하는 경직된 사고에서 꼽는다. 이런 관점에서 바라보면, 행복한 감정을 경험하기 위해 '행복'의 정의를 단순화하고 있는 건 아닌지 돌아봐야한다.

PANAS의 감정목록	
긍정 감정	부정 감정
관심 있는	괴로운
신나는	화난
강인한	죄책감 드는
열정적인	겁에 질린
자랑스러운	적대적인
정신이 맑게 깨어있는	짜증 난
영감 받은	부끄러운
단호한	두려운
집중하는	조바심 나는
활기찬	불안한

슬픔은 카타르시스

이 영화에서는 인간의 감정 중 '슬픔'의 힘에 대해 이야기 한다. 슬픔이란, 감정의 정화 작용으로 '아리스토텔레스'는 비극론에서 '카타르시스'라는 감정의 배설을 말하고 있다. 누구나 원하는 기쁨으로만 성격이 구성된다면 이는 건강하지 않을 것이고, 그 감정 자체가 기쁨이라고 느끼지도 못할 것이다. 이 영화에서 감정의 핵심은 슬픔이 가지고 있다. 영화 초반부에 '슬픔'은 라일리에게 어떠한 도움이 되지 않는 무용지물처럼 느껴지지만 결국 '슬픔'으로 라일리는 낯설고 비참한 상황을 극복할 힘을 되찾는다. 감정에 대한 우리의 태도는 양가적이라고 말할 수 있는 데, 우리는 다양한 감정을 통제되어야 할 대상으로서의 감정, 억압해야할 감정, 그래서 맘껏 발산해 버리고 싶은 감정으로 구분하여 인식한다. 어느 쪽이든 감정과 나 사이에는 어떤 간극이 존재한다. 우리의 행복은 기쁨과 슬픔, 그리고 까칠함과 버럭, 소심함을 포함한 수많은 감정들의 오케스트라가 선사하는 아름다운 선율인 것이다.

이기심이나 불만이나 슬픔 등 보여주고 싶지 않은 감정들은 오히려 진정한 자신을 알려주는 솔직한 신호일 수 있다. 즉, 보고 싶지 않았던 자신의 모습, 자신의 무의식 안에 존재하는 그대로의 감정도 우리의 참모습 중 하나다.

🎞 같이봄

💬 다른 감정 캐릭터들은 머리색과 몸 색깔이 동일한 반면, '기쁨' 이의 머리색은 몸의 색과는 다른 파란색입니다. 왜 그렇다고 생각하나요?

💬 기쁨, 슬픔, 소심, 버럭, 까칠 다섯 감정의 이름을 바꿔보세요.

기쁨 −

슬픔 −

소심 −

버럭 −

까칠 −

💔 자신의 '뇌' 안을 그린다면 가장 많이 생각하는 것들을 표현해 보세요.

💔 일주일 동안에 가장 자주 표현했던 감정은 어떤 감정이었나요?

💔 앞으로 적극적으로 표현하고 싶은 감정을 적어보세요.

09

두려움과 성장

" 소울 서퍼 "

바라봄

소울 서퍼
(Soul Surfer, 2011)

제목: 소울 서퍼/Soul Surfer, 2011
장르: 액션, 드라마
배우: 안나소피아 롭, 헬렌 헌트
감독: 숀 맥나마라
개봉: 2011. 04. 08

실패란 무엇에 대한 두려움에서 기인한 결과다.
두려움은 사랑에 의해서만 치유될 수 있다.
먼저 자기 자신을 사랑하라.
지금 하고 있는 일을 사랑하라.
다른 사람을 사랑하라.
무엇보다 우리가 살고 있는 이 초록별 지구를 사랑하라.

– 웨인 다이어

🎞️ 새겨봄

하루아침에 익숙한 것과 결별한 소녀가 있다. 영화, '소울 서 퍼'의 주인공인 그녀의 이름은 '베서니 해밀턴(Bethany Hamilton)' 이다. 서핑 선수로 촉망받던 '베서니'는 서핑을 하다가 갑자기 나 타난 상어에게 왼 팔을 잃게 된다. 살아있는 것 자체가 기적이라 고 말할 정도로 심각한 손상을 당했지만 끊임없이 도전하는 과 정을 담은 영화다. 나는 최근 몇 년간, 실화를 바탕으로 한 이 영 화를 상담, 교육, 심리치유 과정에서 자주 적용하고 있다.

수영복을 혼자서 입거나 머리를 묶는 일, 가족이 둘러 앉아 식사하기 전 손을 맞잡고 기도하기 등 사고가 생기기 전까지의 삶 에서는 당연하게 여기던 일상들이 어려운 현실이 되어버렸다. 그 녀는 도전하지만 장애의 한계에 부딪히게 되고 서핑을 포기하려고 자신이 타던 서핑 보드마저 다른 아이들에게 주기도 한다. 그런 과정 중 쓰나미 피해를 입은 태국으로 봉사활동을 가게 되고, 극 한 상황에 놓여있는 그들과 함께하며 다시 용기를 갖는다.

두려움을 딛고 일어서는 용기

서핑은 그 어떤 스포츠보다 균형감각을 필요로 한다. 한 쪽 팔을 잃은 상황에서 한 손으로 보드를 지탱하며 서핑을 해야 한다면 누구라도 바다로 나가지 않을 것이다. 그럼에도 불구하고 베서니는 두려움에 굴복하거나 타협하지 않는다. 모두가 안 된다고 할 때, 매일 같이 파도와 마주했다. 두려움을 느끼지 않는 것이 아니라 그 두려움을 딛고 일어나 움직였다. 베서니의 두려움은 파도나 장애가 아니었다.

서핑을 다시는 못할 까봐 두려워!

두려움은 인간이 살아가는 데 있어서 생존에 관한 가장 기본적인 감정 중 하나다. 위험한 상황을 감지해 신체의 반응을 알아차리게 하고 위험한 순간에 도움을 주기도 한다. 피하거나 억누르기 보다는 적극적으로 받아 들여야 하는 감정이다. 위협이나 위험을 느껴 마음이 불안한 상황에서 두려움을 느끼지만 마음을 다 잡고 그 안에 잠식당하지 않고 일어서는 건 용기다.

두려움에 관한 영화 두 편을 들여다보자.

첫 번째 영화 『킹스 스피치』 – 왕위를 포기한 형으로 인해 본의 아니게 왕위에 오른 말 더듬 증상이 있는 '베티'는 대중 앞에서 말을 해야 하는 상황에도 어김없이 말을 더듬는다. '베티'는 그 상황을 두려워하다보니 더 두려워 말을 못하게 되고 언어치료사에게 치료를 받는다. 이는 현실에서 일어나는 실질적 두려움이다.

두 번째 영화 『와일드』 – '셰릴'은 어린 시절, 술에 취하면

폭력을 일삼던 아버지가 있었다. 엄마는 아버지의 폭력에 시달렸고, 셰릴과 동생은 그 상황을 피해 도망 다니는 아픔과 상처가 있는 주인공이다. 이는 셰릴에게 또 다른 두려움을 안긴다. 외로움을 인정하는 두려움, 지하철을 타려고 계단을 내려가다가 발을 헛디딜 것 같은 두려움, 사랑하는 사람에게 버림받지 않을까 하는 두려움 등 셰릴이 겪는 두려움은 실체가 없는 두려움이다.

사랑하는 일을 못 하는 두려움

서핑에 대한 열정이 상어에 대한 두려움보다 더 컸다고 베서니는 말한다. 결코 쉽지 않은 일에 가능성 하나만으로 끊임없이 도전한 베서니는 단 번에 파도 위에 서 있을 수 있는 게 아니라 수도 없이 파도에 휩쓸리고 바닷물에 잠기는 과정을 통해 파도 위에 당당하게 서게 된 것이다. 그 무엇과도 바꿀 수 없는, 그

만큼 간절하고 좋아하는 일이 서핑이다.

좋아하는 일과 잘하는 일

자신이 좋아하는 일을 해야 행복할지, 자신이 잘하는 일을 해야 할지에 대해 궁금증이 든다. 이것에 대한 실험을 서울대학교 심리학 연구팀에서 감행했다.

연구진은 대학생 A 참가자들에게 그들을 좋아하는 일자리를 소개했다. 그리고 본인이 그 일을 얼마나 잘하는지를 아는 것이 얼마나 중요한지 물었다.

대학생 B 참가자들에게는 그 일을 본인이 좋아하지 않는 일이라고 소개했다. 그리고 그 일은 본인이 얼마나 잘하는지를 아는 것이 얼마나 중요한지를 물었다.

결과는 행복감 따라 달랐다.

행복감이 낮은 학생들은, 자신이 그 일을 얼마나 잘하는지를 아는 것이 중요하다고 했고, 반대로 행복감이 높은 학생들은, 자신이 그 일을 좋아하면 잘하는지 여부는 그렇게까지 중요하지 않다고 생각했다. 행복한 사람은 설사 자신이 잘하지 못하더라도 그 일을 좋아하는 것이 중요하다고 생각하는 반면 행복하지 않은 학생들은 잘하지 못하는 일이면 그 일을 좋아하는지 여부는 처음부터 의미가 없다고 생각한 것이다.

🎞 같이 봄

💬 내가 좋아하는 일은 무엇이 있나요?

　　–

　　–

　　–

💬 내가 잘하는 일은 무엇이 있나요?

　　–

　　–

　　–

💜 현재 두려워하는 것은 어떤 게 있나요?

　－

　－

　－

💜 과거에 두려워했던 것은 어떤 게 있나요?

　－

　－

　－

💜 두려움을 느낄 때 신체의 반응/감정/행동에 대해 적어보세요.

　반응 －

　감정 －

　행동 －

💬 두려움을 극복한 경험을 적어보세요.

💬 두려움이란, 존재는 실체가 있나요?

10

일탈에 대한 욕구

" 먹고 기도하고 사랑하라 "

⊛ 바라봄

먹고 기도하고 사랑하라
(Eat Pray Love, 2010)

제목: 먹고 기도하고 사랑하라/Eat Pray Love, 2010
장르: 드라마, 멜로/로맨스
배우: 줄리아 로버츠, 제임스 프랭코
감독: 라이언 머피
개봉: 2010. 09. 30

운명은 우리에게 작은 계시를 보내요.
우리가 행복할지, 행복하지 않을지는
그것들을 어떻게 읽느냐에 달렸어요.

- 영화 '세렌디 피터' 중

🎞 새겨봄

행복은 무슨 일이 일어나는가가 아니라, 일어난 일에 어떤 의미를 두느냐, 어떻게 바라보느냐에 달려있다. 그 전체는 어떤 마음 상태로 받아들이는가에 따라 결정되고, 일어난 일을 어떻게 인식하는가는 어느 쪽으로 마음을 기울이는가에 달려있다.

나는 혼자다, 철저하게, 완벽하게 혼자다. 이 현실을 받아들이며 가방을 내려놓고, 무릎을 꿇고 바닥에 이마를 가져다댄다. 그 자세로 감사의 기도를 올린다.

이야기가 시작된 3년 전, 그 순간에도 지금과 똑같은 자세를 취하고 있었다. 바닥에 무릎을 꿇은 채로 기도하는 자세. 하지만 3년 전과 후는 '기도하는 자세'를 제외하고는 삶의 모든 것이 달라졌다. 영화 '먹고, 기도하고, 사랑하라' 원제인 책의 앞부분에 나오는 이야기다. 영화 주인공 리즈는 외부적으로 표출되었던 불안함이 내면의 평안으로 바뀌었고, 자신에게 느꼈던 연민이 타인을 위로하고 걱정하는 연민으로 대상이 바뀌었다. 마음의 분주한 소란에서 벗어나, 자아의 욕망을 버리고 가슴의 침묵 속으로 들어간 것이다.

'나는 누구인가?', '나는 행복한가?' '내가 진실로 원하는 삶인가?' 삶이 던지는 질문에 스스로 답하기 위해 익숙한 세계로부터 벗어나 여행을 시작한다.

첫 여행지 이탈리아 로마: 난 먹고 싶으면 그냥 먹을 거야!

분주한 생활을 하던 리즈는 여행길에서 만난 소피와 간 식당에서 그녀가 살이 쪄서 피자를 먹지 못하겠다고 하자 '중요한 것은 나 스스로를 인정하는 것', 자신의 몸을 있는 그대로 봐 주는 것, 다른 사람에게 어떻게 보여야한다는 것 때문에 자신의 행복을 폄하하거나 숨길 필요는 없다고 말한다. '난 그냥 먹을 거야. 나도 뚱뚱해지는 건 싫지만 먹을 땐 죄책감 없이 그냥 먹으려고. 오늘은 일단 피자 다 먹고 축구경기나 보고 내일은 둘이 나가서 청바지 큰 거 하나씩 사자.'

두 번째 여행지 인도: 내 속에 내가 너무나 많아!

생각하고 사는 게 어려울까? 아니면 아무 생각 없이 사는 게 어려울까? 우리는 아무 생각 없이 살고 싶다고 외치지만 5분 정도 명상을 해보면 아무 생각 없이 있는 게 얼마나 어려운 일인지 답은 금방 나온다. 리즈는 인도에 가서 명상을 하지만 여간 어려운 게 아님을 실감한다. 생각 없이 있는 것, 머릿속이 평온해지기가 어렵다. 어떤 방식으로 기도를 해야 할지 몰라 고민하는 리즈에게 리처드가 다가온다.

'노력하지 말고 그냥 포기해. 다 포기하고 앉아있어 보라고. 그럼 답이 나올 거야. 왜 과거에 매달려? 보고 싶을 땐 마음껏 보고 싶어 해. 먹보 아가씨. 사랑은 또 올 거야.'

세 번째 여행지 발리: 사랑하라 그리고 또 사랑하라!

'네 개의 다리로 이 땅에 굳건히 머무르지 말고, 머리로 세상을 보지 말고 마음으로 보라는 의미예요. 그럼 신을 알게 될 겁니다.'

영화는 집착하지 않고 내려놓으며, 너무 애쓰지 말고 기다리면 균형 잡힌 삶과 사랑은 또 다시 온다고 말한다. 그녀는 여행을 통해 괴로움에서 벗어나거나 극복하기 위해 애쓰지만 진정 자신에게 필요했던 것은 그 괴로움의 감정을 그저 내버려두는 것이었음을 깨닫는다. 또 다시 사랑 안에서 균형을 잃을까 두려워하지만 그 조차도 삶의 균형을 이루기 위한 한 부분임을 배워 나간다. 삶을 받아들이는 것. 자신을 잃지 않고 균형 잡힌 삶을 살아가는 것. 이것이 삶이다. 그런 삶을 살다가 삶이 흔들리면 잡고 일어서면 된다. 사랑이 오면 사랑하고, 사랑하다 상처받으면 아파하고 극복하면서 살아가는 것이 먹고, 기도하고, 사랑하는 삶이다.

이 영화를 인본주의 심리학자 에이브러험 매슬로(Abraham H. Maslow)의 심리학 관점에서 바라볼 수 있다. 매슬로는 사람에게 동기를 부여하려면 낮은 단계의 욕구부터 시작하여 그것이 충족됨에 따라 차츰 상위 단계로 올라간다고 하였다.

1단계: 생리적 욕구(Physiological Needs)

이 욕구는 인간에게 있어 가장 기본이라 할 수 있다. 숨 쉬고, 먹고, 자고, 입는 등 생존과 생식에 관련되어 있다.

2단계: 안전 욕구(Safety Needs)

이 욕구는 근본적으로 신체적 및 감정적인 위험으로부터 보호되고 안전해지기를 바라는 욕구이다. 질서감과 안정감이 있다. 안정, 취업, 자원, 건강, 보호 등의 욕구이다. 이런 욕망들은 우리의 삶에 대한 통제를 잃지 않을까하는 두려움과 관련이 있다.

3단계: 소속감과 애정 욕구(Belonging and Love Needs)

생리적 욕구와 안전 욕구가 충족이 되면 우리의 동기는 삶의 사회적 부분에 집중된다. 무리를 지으며 정서적 교류도 갈망한다. 이 수준에서는 타인과의 소통, 친구들과 우정을 쌓고 애정을 주고받는 것, 공동체 속에서 지내는 것, 어떤 그룹에 속하고 수용되려는 욕구들이 있다.

4단계: 존경 욕구(Esteem Needs)

인간은 어디에 속하려는 욕구가 어느 정도 만족되면 그 이상을 원한다. 이 수준에서는 내적으로는 자존, 자율을 성취하려는 욕구(내적 존경 욕구)와 외적으로는 타인으로부터 존경을 받고 인정을 받으며 집단 내에서 어떤 지위를 확보하려는 욕구(외적 존경 욕구)다.

5단계: 자아실현 욕구(Self-Actualization Needs)

자신의 능력을 발휘하고 싶고, 자기 개발을 계속하고 싶어 하는 욕구가 나타난다. 이 단계에는 자신이 이룰 수 있는 것 혹은 될 수 있는 것을 성취하려는 욕구이다. 이 수준에서 인간은 자신의 운명을 초월하고 세상에 족적을 남기고 싶어 한다. 이런 욕구들은 우리가 삶에서의 임무를 찾으려고 할 때 하는 도덕적이고 정신적인 발달과 관련이 있다.

🎞 같이 봄

💬 영화 '먹고, 기도하고, 사랑하라'를 보고 난 후 매슬로의 욕구 이론의 단계에 맞게 의견을 나눠보세요.

💬 영화 '김씨표류기'를 남자 김씨의 살아가는 모습을 감상한 후 동일한 방법으로 이야기를 나눠보세요.

11

다름이 아닌 특별함

🎞 바라봄

윈더
(Wonder, 2017)

제목: 윈더/Wonder, 2017
장르: 드라마
배우: 제이콥 트렘블레이, 줄리아 로버츠
감독: 스티븐 크보스키
개봉: 2017. 12. 27

사람의 일생은 행복을 향한 노력이다.
그가 얻고자 노력하는 것은 반드시 주어진다.

- 톨스토이

🎞 새겨봄

어기의 방 벽면에는 반짝이는 별들이 무수히 많다. 선천적 안면 기형으로 태어난 어기는 과학을 좋아하고 우주비행사가 되고자 하는 꿈을 꾸는 아이다. 집에서 공부를 하던 어기가 우주인 헬맷을 쓰고 학교에 들어가면서 세상과의 만남을 시도하는데 그 과정에서 만난 친구들은 '괴물'이라고 놀리거나 어기와 몸이 닿기만 하면 '전염병'에 걸린다며 괴롭히는 등 하루도 편안한 날이 없이 학교생활을 이어간다. 친구들과의 교류가 전혀 없던 어기는 어른들과의 관계 맺기가 더 좋다고 고백한다. 이 영화는 철저히 관계 맺기를 보여준다. 가족과의 관계, 친구들과의 관계 등 살아가면서 우리가 맺는 관계 맺기에 관한 영화다.

아픔과 불행은 성장통

어기를 처음 학교에 등교시킨 엄마는 발걸음이 떨어지지 않아 그 자리에 서서 어기의 뒷모습을 바라본다. 학교에 간 어기가 친구들에게 놀림을 당하고 돌아와 속상하고 불평이 가득한 표정으로 엄마에게 질문을 한다.

"엄마, 난 왜 이렇게 못 생겼어?"

"엄마한테 넌 가장 예쁜 걸."

"그건 엄마가 내 엄마니까 그런 거잖아!"

.

.

.

"우리 모두는 얼굴에 표식이 있어. 이 주름들은 너의 첫 수술 때 생긴 것이고, 이 주름들은 네 마지막 수술 때 생긴 거야. 얼굴은 우리가 나아갈 곳을 보여주는 지도야. 또 얼굴은 우리가 지나온 것을 보여주는 지도이기도 해. 그러니 넌 절대 못생긴 것이 아니란다."

영화의 내면을 담고 있는 카메라 시선은 어기가 장애아로 태어났다는 이유나 친구들에게 놀림을 당한다고 해서 불행하게 바라보는 시선이 아니다. 눈물샘을 자극하거나 특별하게 다름을 강조하지도 않는다. 그 누구랄 것도 없이 모두 아픔과 상처를 갖고 살아가듯이 평범하게 담아내고 있다. 우리가 행복을 오해하는 것 중 하나는 행복에는 마냥 좋은 것, 즐거워야하는 것이라고 생각하는 것이다. 불행이나 아픔을 대면하면서 우리는 성장해 나간다. 서로 오해하고, 상처받고, 아파하는 과정을 통해 변화를 갖게 되고 스스로 힘을 키워내기도 한다.

있는 그대로의 나

외모는 행복에 얼마나 중요할까? 실제 연구에 따르면 행복한 사람들은 불행한 사람들보다 자신을 매력적이라고 믿는 정도가 강하다고 한다. 여기서 놀라운 점은 행복한 사람과 불행한 사람의 외모를 객관적으로 평가해보면 두 사람 사이에 큰 차이가 발견되지 않는다는 것이다.

장애아가 있는 가정에서 자라는 형제, 자매들도 아픔을 겪는다. 어기의 누나 '비아'도 아픈 동생에게 부모들이 관심을 주기에 자신이 1순위가 아니라는 현실을 받아들이기도 하면서 외로움을 느낀다. 비아의 친구인 '미란다'는 관심을 안 주는 새 엄마와 살고 있기에 비아의 따뜻한 가족의 모습을 부러워한다. 그런가하면 어기의 학교친구 '잭'은 어기에게 마음이 있으면서도 다른 친구들이 어기를 놀리고 괴롭히기에 주저하는 모습을 담아낸다. 친구들 사이에서 떨어져나가지 않으려고 어기의 마음을 아프게 하는 감정들을 있는 그대로 표현해낸다. 우리는 신이 아니기에 완벽할 수 없다. 그것을 받아들이는 것이 행복의 시작이다. 잭은 자신의 실수로부터 도망치지 않고 어기에게 사과를 한다. 우리는 모두 가면을 쓰고 살아간다. 아무렇지 않은 척, 괜찮은 척, 상처받지 않은 척 그렇게 척척박사로 살아간다. 어기가 세상에 나갈 때 썼던 헬맷을 벗듯이 그림자 자아를 벗어내야 진정한 자신과 만날 수 있다. 잭이 자신의 실수로부터 도망치지 않고 어기에게 사과를 하는 것처럼 말이다. 완벽하지 않지만 존재 그 자체로 우리는 아름다울 수 있다.

영화 '원더'는 세상에, 사람에 적응해가는 어기의 삶을 그린 영화이기도 하지만 평범함, 보통 사람, 일반적인 것들에 감사함을 깨닫게 해주는 영화이다. 힘겨운 싸움을 하고 있는 모두에게 친절 하라. 이 영화를 보고 나면 우리의 심장이 뜨끈해지는 것을 느낄 수 있다.

🎞️ 같이 봄

💬 최근 한 달 사이에 일어났던 일들 중에 좋지 않다고 여기거나 힘들었던 일을 구체적으로 적어보세요.

💬 고난이나 어려운 상황에 놓였을 때 어떤 행동을 취하나요? 예) 회피, 미룸, 화냄, 지각 등

💬 고난이나 어려운 상황이 놓인다면 어떻게 행동을 하고 싶나요?

12

잃어버린 시간 찾기

"마담 프루스트의 비밀정원"

⊛ 바라봄

마담 프루스트의 비밀정원
(Attila Marcel, 2013)

제목: 마담 프루스트의 비밀정원/Attila Marcel, 2013
장르: 코미디, 드라마
배우: 귀욤 고익스, 앤 르 니, 베르나데트 라퐁
감독: 실뱅 쇼메
개봉: 2014. 07. 24

누구나 자신의 운명을 결정할 수 있는 능력이 있다.
당신은 시련과 역경을 극복해서 당신이 원하는 현실을 충분히 창조할 수 있다.
- 알프레드 아들러

⊛ 새겨봄

2살 무렵 부모를 여읜 폴은 말을 잃은 채 두 이모와 함께 산다. 이모들은 폴을 세계적인 피아니스트로 만들려고 했지만 콩쿨 대회에 나가서 번번이 입상하지 못한다. 33세인 폴은 피아노 실력 이외 대부분의 것들에는 미숙한 어린아이의 상태에 멈춰있고, 그의 생활반경은 집과 두 이모들이 운영하는 댄스교습소, 정원 산책 정도가 전부이다. 그는 분명히 살아 움직이지만 두 이모의 자동인형 같은 느낌이다. 눈빛 역시 한없이 깊고 슬프고 아름답지만 감정이 없는 듯 전혀 행복해 보이지 않는다. 그런 폴이지만 단 하나 좋은 것은 따뜻하고 아름다웠던 엄마에 대한 그의 기억이다. 어릴 적 희미한 기억으로부터 비롯된 아빠에 대한 공포심으로 인해 사진 속 아빠를 재단해 분리해버리는 행위로 자신의 기억 속에 있는 아빠에 대한 복수를 한다.

표정도, 말도 없이 반복되는 일상을 살던 폴은 어느 날, 이웃이 떨어뜨린 레코드판을 되돌려주려다 우연히 마담 프루스트의 집을 방문하게 되고, 그곳에 프루스트의 비밀정원이 꾸며져 있는 것을 보게 된다. 그녀가 키우는 작물을 먹고 과거의 상처와 추억을 떠올리게 되면서 매주 목요일마다 '잃어버린 기억을 찾아서' 여행을 한다.

완벽하지 않은 왜곡된 기억

정신분석의 거장인 멜라니 클라인은 아이들은 엄마와 주변의 사람들을 '환상(phantasy)'을 통해 구성하고, 그 무의식적 환상을 통해 전체 세계와 관계한다고 하였다. 아이는 어떤 것도 있는 그대로 단순하게 보이지 않고, 지각을 구조화하고, 윤색하고, 중요성을 더하며 무의식적 환상을 모든 지각에 부착하는 방법으로 세계를 인식한다고 하였는데, 영화의 섬세한 장치들과 색채는 할리우드 영화와는 비교할 수 없는 독특함이 있다. 특히 폴의 기억 속 장면은 과장된 동화 속 한 장면 같기도 한데 이 장면들은 성인이 된 시점으로는 기억해내기 힘든 폴의 무의식적 환상(Phantasy)을 보여주는 듯하다.

"기억은 일종의 약국이나 실험실과 유사하다. 아무렇게나 내민 손에 어떤 때는 진정제가 때론 독약이 잡히기도 한다."

감독 실뱅 쇼메는 마르셀 프루스트의 『잃어버린 시간을 찾아서』의 많은 부분들을 영화에 담아낸다.

영화에서 폴은 마담 프루스트가 준 이상한 차와 마들렌을 먹으면서 무의식속 봉인된 기억 속으로 들어가게 된다. 이모들로부터 왜곡된 아버지에 대한 기억, 자신이 억압해온 고통스러운 진실들을 마주하게 되면서 점차 성인으로 성장하게 된다.

프로이트는 '이드가 있는 곳에 에고가 있게 하라'라는 말로 정신분석치료의 궁극적인 목표를 말하고 있다. 폴은 자신의 과거를 기억해 내었고, 바라보았으며, 화해하고 인정하는 작업을 통해 비로소 성숙한 어른의 자아로 다시 태어날 수 있었다. 기억을 찾고 사진속의 아버지를 엄마와 자신의 옆으로 다시 복귀시키는 상징적인 작업을 통해 자신의 모든 것을 받아들인다.

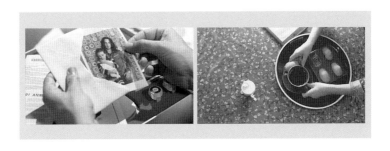

기억은 주인 스스로 왜곡시킨다. 도저히 간직할 수 없는 기억들은 억압해버린다. 하지만 왜곡하고 억압해버린다고 지워질 수 있는 것은 아니다. 마치 '시지프스의 형벌'처럼 바위를 산꼭대기로 굴려 올리지만 그 무게로 인해 다시 아래로 굴러 떨어지는 반복재생하기 때문이다. 그것을 용기 있게 인식하고 받아들일 때 우리는 구원될 수 있을 것이다. 기억을 찾고 사진속의 아버지를 엄마와 자신의 옆으로 다시 복귀시키는 상징적인 작업을 통해 자신의 모든 것을 받아들인다. 프루스트가 암으로 죽으면서 마지막 남긴 편지의 문구는 어쩌면, 폴에게 해주고 싶은 마지막

외침이었을 것이다. '네 인생을 살 거라' 가슴 뛰게 하는 삶, 진심으로 원하는 것을 하는 삶, 진정으로 자신과 마주하면서 상처를 회복하는 삶이다. 이 영화는 우리의 상처를 위로해주는 영화다.

🎞 같이 봄

💔 당신을 과거로 돌려보낼 만한 오래된 소품들이 있나요?

💔 당신이 기억하고 싶은 또는, 기억하고 싶지 않은 과거는 무엇인가요?

💔 가장 행복했던 순간은 언제였나요?

13

사소한 것의 소중함

🎞 바라봄

캐스트 어웨이
(Cast Away, 2000)

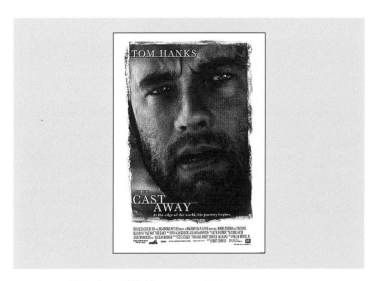

제목: 캐스트 어웨이/Cast Away, 2000
장르: 드라마, 모험
배우: 톰 행크스, 헬렌 헌트
감독: 로버트 저메키스
개봉: 2001. 02. 03

행복이란 그 자체가 긴 인내이다.

- 까뮈

🎞️ 새겨봄

　행복의 의미를 찾는 건 유통기한이 없다. 우리는 언제 행복하다고 할 수 있을까? 글로벌 택배회사 페덱스(Fedex)에 다니는 주인공 척 놀랜드. 그는 1분 1초를 다투며 바쁜 삶을 사는 사람이다. 시계를 주인처럼 섬기고, 제 시간 내에 택배를 전달하는 것만이 유일한 목표다.

　하지만 자신과의 약속엔 늘 지각이다. 치통을 알람처럼 달고 살면서도 번번이 치과에 가겠다는 약속을 미루는가하면, 사랑하는 연인 캘리와 만나는 순간조차 시도 때도 없이 울려대는 호출기 탓에 금세 발걸음을 돌리고 만다. 크리스마스 이브, 오랜만에 만나 데이트를 하는 도중에도 척은 회사의 급한 호출을 받고 비행기를 탄다. 캘리가 선물해 준 시계를 갖고 비행기를 탄

척은, 갑작스런 폭풍우를 만나 무인도에 표류하게 된다. 비행기 사고로 인해 외딴섬에 불시착한 주인공의 생존기를 다룬 영화지만 그 이상의 메시지를 담고 있다.

"사랑해. 곧 만나. 내 말 뜻 알지?"

떠나기 직전 남긴 말은 이별의 말이 되고, 생사도 모른 채 4년의 세월이 흐른다. 아무리 소리쳐 보아도 남태평양 한 가운데의 무인도. 다시 절망감을 느끼는 데는 그리 긴 시간이 걸리지 않는다. 모든 것을 낙담한 채로 파도에 밀려온 택배상자를 열어보니 비디오테이프, 스케이트 신발, 배구공 등이 담겨져 있다. 비디오테이프의 필름은 탈출 시 뗏목의 노끈으로, 피겨스케이팅의 칼날은 코코넛을 자르고 치아를 발치하는데 유용하게 사용이 된다. 특히, 배구공 윌슨은 가장 진솔한 대화 상대가 된다. 다 뜯고 난 다음에 마지막 남은 택배하나는 뜯지 않고 보관한다. 자신이 이 섬에서 탈출하여 살아서 나갈 수 있을 때 꼭 배달해야하는 삶의 목표같이 다가온다. 물론 캘리가 생존의 이유임은 두말할 것이 없다.

타인의 필요성

인간은 '사회성'을 가진다. 사회성이라는 것은 무리생활을 하는 본성을 지닌다는 것이다. 혼자가 아닌 함께 어울린다는 의미이고 깊은 관계를 맺는 것이다. 잠시 혼자 있는 시간이나 단기간은 괜찮겠지만 사회와 오랫동안 떨어져있거나 고립되면 우리는 불안해하고 외로워한다. 영화『김씨표류기』에서 자살시도가 실패로 끝나 한강의 밤섬에 불시착한 남자 김씨. 그는 죽는 것도 쉽지 않자 일단 섬에서 살아보기로 한다. 그곳에서 허수아비에게 자신의 옷을 입히고 친구처럼 말을 건네며 무인도 생활을 이어나간다.

『캐스트 어웨이』 척의 배구공(윌슨)　　　『김씨표류기』 김씨의 허수아비

척 또한 무인도에서 생존을 위해 불을 피우던 중 손을 다치자 화가 나 주변의 물건을 던지다가 배구공을 잡는다. 이때 배구공은 손바닥 모양의 얼굴이 생겨나고 '윌슨'이라는 이름을 부여한다. 윌슨이라는 이름을 붙여준 순간 사물이 아니라 척의 외로움을 달래주는 심리적 위안을 주는 존재가 된다. 무인도에서의 시간동안 척은 윌슨과 싸우고, 던지고, 다시 찾아오는 과정을

겪는다. 척은 외로움을 달래주는 윌슨 덕에 미치지 않고 살아갈 수 있는 힘을 얻는다. 그러기에 실수로 빠트리고 점점 멀어지는 배구공을 바라보며, 둘도 없는 친구를 잃어버린 듯 목 놓아 우는 모습에 마음이 먹먹해진다.

사소함에 있는 행복

시간에 쫓기고 일에 파묻혀 지내느라 제대로 된 데이트 한 번 못 해보고, 치과치료도 때를 놓치고 살아왔다. 급기야 치아의 통증은 아무것도 씹을 수 없는 상태에 이르렀고 척은 발치를 결심한다. 함께 무인도에 휩쓸려온 스케이트의 칼날을 치아에 대고 돌멩이로 내려치자 이는 박살이 나고 그 자리에서 척은 기절한다. 미친 듯이 살아온 척은 무엇을 위해 달려온 것 일까? 그런 삶이 행복한 삶이라고 할 수 있을까?

4년의 세월이 흐른 후 해안에 떠밀려온 문짝 하나. 그것은 돛으로 만들기 충분했다. 탈출 시도를 할 때마다 해안으로 몰아치는 파도에 실패하기를 수차례. 파도를 만날 때 마다 자신에게 말한다.

"*Not yet … not yet*"
아직은 아니야. 아직은 …

척은 거듭 밀려오는 파도를 하나 씩 넘을 때 마다 말한다. '포기하지 마.' 그것은 파도에 저항하는 것이 아니라 받아들임이자, 수용이었다. 마지막 파도를 넘어서자 드디어 망망대해로 나아간다.

만약 무인도에 표류했다고 가정해보자. 생존에 필요한 가장 기본적인 의식주를 보면 자연 환경으로부터 보호할 수 있는 옷을 입을 수 없고, 간단한 음식조차 사냥이나 채집을 해야 하고, 지낼 곳은 기껏해야 나무아래나 동굴정도가 될 것이다. 생존의 최소인 의식주가 이런 상황인데 도시 문명에서 누리는 여러 가지 혜택은 말할 필요도 없다. 우리는 혼자 떨어지면 구석기나 신석기 시대의 인류와 다를 바 없다. 행복도 마찬가지다. 세상이라는 울타리, 그 속에 있으면 진정한 의미를 잘 알 수 없다. 사소함이, 지금 이순간이 행복한 것임을 잊어버리고 산다. 그 사소한 것이란 무엇일까? '성냥 한 개비로 불을 지필 수 있는 것', '치과 진료를 받을 수 있는 것', '대화 할 수 있는 대상이 있다는 것' 이렇듯 영화는 아주 사소한 것, 지극히 사소한 것에 행복이 있음을, 사랑이 있음을 깨닫게 해 준다.

"이 세상에서 가장 아름다운 것은 바로 이 세상이란다."

🎞 같이 봄

🗨 무인도에 간다면 가져가고 싶은 것 3가지를 적어보세요.

🗨 무인도에 혼자 있다면 불편한 것은 무엇일까요?

🗨 사소한 것이라도 지금 이 순간 감사하게 느껴지는 것은 무엇인가요?

🗨 『어린왕자』의 작가 생텍쥐페리는 '인간이 외로운 것은 사람이 없어서가 아니라 만남이 없어서라는 것, 만남이 없는 모든 장소는 곧 사막이고, 사막은 도시에도 있다'고 말했습니다. 이 말의 의미는 무엇일까요?

🎞 같이 봄

🗨 함께 실행에 옮겨보세요.

    – 눈을 감고 지금 있는 공간에서 움직여보기

    – 스마트 폰 없이 하루 살아보기

    – 무인도에 있다면 어떻게 살아갈 것인가 토론하기

    – 신발 없이 걸어보기

    – 고마운 사람에게 감사 편지 써보기

⚙ 같이 봄

💬 아이젠하워의 매트릭스 4분면을 작성해보세요.

긴급한 일 중에 중요한 일은 없고, 중요한 일 중에 긴급한 것 없다.

	긴급함	긴급하지 않음
중요함	I	II
중요하지 않음	III	IV

	긴급함	긴급하지 않음
중요함	I 즉석에서 처리	II 전략적 계획과 기한 설정
중요하지 않음	III 축소 or 위임	IV 버리기

		긴급함	긴급하지 않음
중요함	I	II 확장	
중요하지 않음	III		IV

	긴급함	긴급하지 않음
중요함		
중요하지 않음		

14

용서, 행복을 위한 지름길

" 모아나 "

🎞 바라봄

모아나
(Moana, 2016)

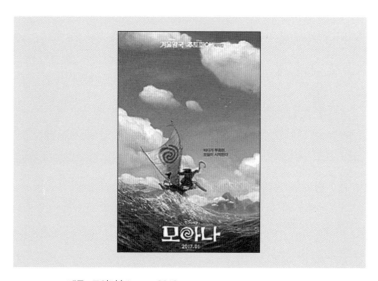

제목: 모아나/Moana, 2016
장르: 애니메이션, 모험, 가족, 판타지, 코미디
배우: 아우이 크라발호(모아나 목소리), 드웨인 존슨(마우이 목소리)
감독: 론 클레멘츠, 존 머스커
개봉: 2017. 01. 12

언제나 현재에 집중하고 있다면 행복할 것이다.

— 파울로 코엘료

⊛ 새겨봄

영화 『모아나』는 족장의 딸 모아나가 저주에 걸린 모투누이 섬을 구하기 위해 영웅 '마우이'를 찾아 떠나는 이야기로 시작된다.

섬 안의 세상과 섬 밖의 세상

모아나에게는 섬 안의 세상과 섬 밖의 세상, 두 세계가 존재한다. 족장이자 모아나 아빠는 모아나를 섬 밖으로 나가지 못하게 한다. 섬 안은 안전하고 풍요로우며 함께 도우며 사는 세상이지만 바다는 위험하다는 이유이다. 자신의 뒤를 이어 족장으로서 전통을 지키고 훌륭한 사람이 되기 위해서는 섬 밖으로 나가는 일은 생각조차 하지 말라고 엄포를 놓으며 '언젠가는 깨닫게 될 거야. 행복은 바로 여기에 있어.'라고 말한다. 그러나 모아나의 시선은 변화무쌍한 바다에 운명적으로 이끌린다. '모아나'라는 이름이 하와이어로 '바다'라는 의미가 있듯 바다를 항해하고픈 모아나. (그런 그녀에게) '네가 좋아하는 걸 찾는 것, 아빠 말 못지않게 네 마음도 중요해. 가장 멀리 있는 별을 따라가고 마음이 속삭이면 그 마음의 소리가 너야.'라며 힘을 주는 건 할머니다. 모아나는 모험과 호기심을 내려놓고 안정적인 삶에

승선하여 살아가라는 아빠의 말 보다는 어디로 갈지 알 수 없는 세계지만 모험심을 갖고 미지의 세계로 나아간다. 처음에 그녀를 부른 건 바다와 항해자인 조상들이었지만 이제 그녀를 부르는 소리는 그녀의 내면에 있다. 우리는 내면의 울림에 따라 하고 싶은 일을 할 때, 자신의 정체성을 찾는 것이다. 그것이야말로 진정한 행복감, 해방감을 느낀다.

한 번도 실수한 적이 없는 사람은 한 번도 새로운 것에 도전해 본 적이 없는 사람이다.

– 알버트 아인슈타인

햇볕 같은 따스한 조력자

실패의 경험은 성장해 나가는 과정에서 그 무엇과도 바꿀 수 없는 원동력이 된다. 첫 항해는 곧 실패로 끝나게 된다. 아빠

의 말에 포기하려는 순간, 할머니 덕에 다시 항해를 시작하게 된다. 모아나가 저주에 걸려 죽어가고 있는 섬을 구하기 위한 모험에는 조력자인 '마우이'가 있다. 또한, '네가 어딜 가든 언제나 네 곁에 있을 거야.'라고 말하며, 죽음을 마주하는 그 순간까지도 아낌없는 사랑을 주는 할머니가 있다. 우리에게는 태양처럼 강렬하지는 않지만 따스하게 감싸주는 햇살같은 든든한 조력자가 있다. 거친 바다를 향해 용기 있게 나아가는 피 끓는 모험가의 후손. 그녀는 조력자인 마우이가 사람에게 사랑받고 싶어 신 '테피티'의 심장까지 건넨 과거의 이야기를 듣고는 '지금의 너를 만든 건 신들이 아니라 너 자신이야.'라고 사랑을 되돌려준다. 모아나는 '나는 모투누이의 모아나'라고 말하며 당당하게 선언하고 바다로 직접 뛰어들어 운명에 맞서는 용기 있는 자이며, 그녀는 스스로의 운명에 맞서는 주체적인 인물이다.

용서하기

"용서는 용기 있고 용감한 사람을 위한 것이다. 죄를 용서할 만큼 강한 사람만이 사랑하는 법을 안다." 용서와 사랑을 관련지어 '간디'는 말했다. 용서와 사랑 두 가지 미덕은 모두 강인함을 필요로 한다. 머리로 이해하고 이성적으로 받아들이면서도 대부분의 경우 상처를 준 사람들을 용서하는 것은 쉽지 않은 일이다. 고마워하는 마음, 사랑하는 마음 보다 말로 건네기 어렵

고 표현하기 어려운 것이 용서가 아닌가 싶다. 실천으로 옮기기에 가장 까다로운 게 용서하기다. 어쩌면, 용서는 인간으로서 가질 수 있는 최고의 능력이자 미덕 중 하나라고 할 수 있다. 특히 마음속에서 원망과 복수를 원할 경우엔 더 더욱 어렵다. 용서는 연민의 행위, 무엇보다도 해방의 행위이다. 용서는 숭고한 행동이며, 이는 화해 과정의 결과로 생겨난다. 즉, 용서를 하는 사람과 받는 사람 모두를 위한 것이다. 우리를 자유롭게 하고 더 나은 사람으로 만든다. 가장 중요한 것은 진심으로 용서하는 것이다.

　　모아나 할머니가 아이들에게 옛날이야기를 들려주는 초반의 전개는 후반부의 실마리를 풀어준다. 어머니 섬 '테 피티'의 무한한 힘을 지닌 심장을 빼앗기 위해 바다에 건너 온 마우이. 그는 마법의 갈고리로 자신을 다양한 모습으로 바꾸며 심장을 노린다. 자고 있던 '테 피티'의 심장을 갈고리로 찍어 훔치는데 성공하지만 땅과 불의 악마인 '테 카'의 공격으로 바다 속으로 추락한다. '테 카'는 본래 악마의 존재가 아닌, 심장을 잃은 '테 피티'의 모습이었다. '테 피티'가 심장을 잃어 모아나 섬이 황폐화되어 열매는 썩고 물고기는 사라졌었다. 마우이는 '테 피티' 여신에게 용서를 구한다. '미안해, 입이 열 개 라도 할 말이 없어.' 여신은 마우이 또한 인간들에게 사랑받고자 했던 마음과, 용서를 비는 진심어린 마음을 받아주고 새로운 갈고리를 준다. 용서를 구하고, 용서를 받으니 새로운 세상이 펼쳐진다. 우리는 삶 속에 안주하지 않고 도전 하며, 조금 다른 선택을 하면서 행복해질 수 있다.

🎞 같이 봄

💔 용서하기 좋은 시기가 있나요?
예) 용서하기 좋은 시기는 없다. 다투고 나서 바로 해야 한다.

💔 용서하면 이로움 점은 무엇일까요?

💔 용서는 꼭 해야 하는 걸까요?

💔 영화 속 '마우이'가 '테 피티'에게 '입이 열 개라도 할 말이 없
어. 미안해'라고 말을 할 때 어떻게 느껴졌나요? 용서를 구하
는 모습으로 느껴졌나요?

💕 자신을 위해 조력해주는 사람 또는 조력해주는 것들에게 감사의 편지를 써 보세요.

💕 다음은 관계 맺기의 핵심 단어입니다. 자신을 치유하고, 타인에게 치유를 선물해주는 말이자 행동에 대한 용기를 북돋아주는 말입니다. 삶의 지혜이자, 세상을 살아가면서 소통하고자 할 때 4가지 단어면 충분합니다. '미안해요' '용서해주세요' '고마워요', '사랑해요' 지금 이 말을 해보고 떠오르는 사람의 이름을 적어보세요.

– 미안해요

– 용서해주세요

– 고마워요

– 사랑해요

15

영화, 행복의 기술

🎞️ 영화, 행복의 기술

늘 행복하기란 쉬운 일이 아니다. 행복심리 강의를 하면 늘 행복할 수 있을까? 그렇지 않다. 행복한 것은 무엇인가? 행복은 정의내리기 어렵고, 수치로 설명하기도 어렵다. 행복은 노력의 과정이고 인생과 함께 하는 여정이다.

우리는 행복을 추구해야 하지만 아이러니하게도 행복은 추구할수록 역효과를 나타내기도 한다. 직접적인 행복을 추구하면 안 된다. 행복을 추구하는 여러 요소들을 추구해야한다. 우리는 간접적으로 행복을 추구해야하는 것이다.

긍정심리학의 대가, 하버드대 '탈 벤 사하르' 교수는 행복은 훈련과 연습을 통해서 달성할 수 있다고 말한다. 행복을 구성하는 4가지의 요소가 있다. 우리가 실천할 수 있는 4가지의 행동, 일상에서 할 수 있는 것을 실행에 옮김으로서 추구할 수 있는 것이다.

행복의 첫 번째 요소: 관계 맺기(Socializing)

관계 맺기란 바로 인간관계다. 실제로 맺는 인간관계를 뜻한다. 연인, 부모 자식, 학생, 동료 등 모든 종류의 관계를 말한다. 행복한 삶을 구성하는 데 있어서 가장 중요한 요소다. 사회

<table>
<tr><td>관계맺기</td><td>베풀기</td></tr>
<tr><td colspan="2" align="center">행복 추구 4요소</td></tr>
<tr><td>집중하기</td><td>어려움 극복하고
이겨내기</td></tr>
</table>

적인 관계야말로 인간관계다.

삶의 만족이 높고 행복한 사람들은 긍정적이고, 사회적인 관계를 강력하게 맺고 있다. 네덜란드와 덴마크 사람들은 다양한 취미 활동, 스포츠를 통해 지속적으로 사회적 관계를 맺고 있다. 이스라엘과 콜롬비아는 가족과의 관계, 호주와 코스타리카는 친구와의 관계를 중요하게 생각한다. 인간관계에서의 관계란 진정한 의미의 관계다. 현 시대는 온라인 시대라고 불리지만, 관계는 오프라인으로 맺는 것이 중요하다. 가상이 아닌 실제 인간 관계가 중요하다. 4차 산업혁명 시대에서는 기술이 발달하면서 외로움이 증가했고, 이것이 불행과 우울증으로까지 이어지기도 한다.

관계 맺기를 잘 하려면 공감능력이 있어야한다. 공감 능력은 다른 사람이 느끼는 감정을 공유하고, 행하면서 생기는 것이다. 서로의 얼굴을 마주하고 공감하면서 살아가는 삶이 점점 줄

어드는 시대에 온라인이 아닌 오프라인으로 관계를 맺어야 하는 이유다.

우리나라에는 전국 교도소 내에서 볼 수 있는 방송국이 별도로 있다. 그곳에서 '톡톡 무비스토리'를 진행한 적이 있었다. 한 달에 한 번 영화를 추천하고, 영화에 대한 간단한 소개와 어떤 관점으로 바라봐야 하는지, 치유적 관점으로 바라보는 시각 등에 대한 내용들이었다. 3년 정도 진행을 하다 그만 두었다. 가장 첫 번째 이유는 오프라인이 아니었기 때문이다. 그 이후로도 출소한 이들이 있는 곳에서 종종 프로그램을 진행하고 있지만, 공감하는 이 없는 세트장 안에서 카메라를 보고 영화를 소개하는 것에 답답함과 갈증을 느꼈다. 때론 가상세계의 만남도 좋지만, 가상공간이 아닌 서로 얼굴을 대면하고 만나야한다.

다양한 대상들과 프로그램 진행 시 옆 사람과 마주앉아 서로의 눈을 마주보게 한다. '상대방의 눈동자에 자기의 모습이 보일 거예요.'라고 하며 30초 정도 바라본 후 소감을 물어보면 대부분의 경우 겸연쩍고, 쑥스럽고, 시선을 어디에 둬야하는지 난감하다고 답한다. 그 순간을 모면하고자 웃거나, 말을 건네는 모습도 보게 된다. 우리는 하루 24시간 중 친구, 가족, 동료 등 그 누구에게도 30초의 시간조차 허락하지 않는다.

행복의 두 번째 요소: 베풀기(Giving)

행복한 삶의 지표중 하나는 베푸는 것이다. '바빠서요.', '여유가 없어요.' '시간이 없어요.' 등 다양한 이유로 우리는 베풀기를 꺼린다. 더 나은 세상을 위해 베푸는 삶을 잘 보여주는 두 편의 영화가 있다.

영화 『The other pair』에서는 두 소년이 서로에게 마음을 나누고 베푼다. 기차를 타고 있지 않은 소년이 먼저 벗겨진 신발을 던져주고, 그런 다음 기차를 타고 있는 아이가 신발을 던져주는 뭉클함이 있는 영화다. 또 한 편의 영화는 실화를 바탕으로 한 『아름다운 세상을 위하여(Pay It Forward)』다. 중학교 '유진 시모넷' 선생님은 아름다운 세상을 위하여 할 수 있는 것에 대해 생각하고 실천에 옮기라고 학생들에게 말한다. 그러면서 아름다운 세상을 위해 실천하는 3가지를 말한다. 첫 번째, '아침밥 먹기', 두 번째, '잠을 충분히 자기', 세 번째, '지각하지 않기'라고 한다. 이와 같이 아주 소소한 일상에서 할 수 있는 것이다. 1명이 3명에게, 그 3명이 또 다른 3명에게 실천을 하고 베풀면 한 사람으로 시작한 행동이 점점 아름다운 세상을 만들 수 있고, 더 좋은 세상을 만들 수 있게 된다. 친절을 베푸는 것은 차이를 만드는 것이다.

『Give and Take』의 저자 에덤 그랜트 조직심리학과 교수는 베푸는 사람들, 즉 다른 이들의 성공에 기여하는 사람과 받기만

하는 사람들을 조사했는데 자신을 희생하거나 베푸는 사람이, 받기만 하는 사람보다 훨씬 더 성공 가능성이 높고, 행복의 수준이 높다는 조사 결과를 발표했다. 다른 사람을 돕는 것은 자신을 돕는 것이다.

행복의 세 번째 요소: 집중하기(Focusing)

집중은 마음을 다해서 몰입하고, 그 자리에 있는 것이다. 그 순간에 마음을 다하는 것이다. 지금 이 순간에 집중하면 다른 사람의 이야기를 경청할 때 나에게도 도움이 되지만 상대방에게도 긍정적인 영향을 미칠 수 있다. 아이들의 이야기를 잘 들어주면 자존감을 높일 수 있다. 경청해서 들어주면 말하는 이는 역경을 극복하고 나아갈 힘을 얻게 된다. 우리는 집중을 하게 되면 현재의 순간에 선물을 받을 수 있게 된다. 이것이야말로 특별한 경험이 되는 것이다. 진실한 관계를 형성할 수 있다. 영화 『쿵 푸 팬더 1(Kung Fu Panda)』의 대사다. '어제는 역사이고, 내일은 신비하고, 오늘은 선물이야.' 즉, 'Present'이다.

행복의 네 번째 요소: 극복하기(Coping)

가장 놓치기 쉬운 요소다. 어려움을 극복하는 것이고, 실패를 경험하는 것이다. 우리는 실패를 하거나 어려움에 처할 때 선택의 기로에 놓이게 된다. 문제를 외면하고 회피하거나 실패와 어려운 경험을 통해서 교훈을 얻을 수도 있다. 극복하느냐 피하느냐는 결국 선택의 문제다. 하지만, 어려움을 극복하고자 한다면 더욱 강해질 수 있다. 외국어를 잘 하고 싶거나 악기를 잘 다루고 싶은 사람이 이론을 안다고 해서 실력이 늘지 않는다. 육체적, 정신적 근육을 키워야한다.

다르덴 형제의 영화 '내일을 위한 시간'은 산드라를 해고하는 동료 직원들에게 일천 불의 보너스를 약속하고, 직원들 과반수가 동의를 한다. 산드라는 결과를 바꾸기 위해 동료 직원을 만나면서 불안한 마음과 사투를 벌여야 한다. 힘겨운 싸움이지만 싸움에 승패를 떠나 도전하는 자체에 의미를 두고 처해진 상황을 극복해나간다. 복직하기 위해 회사와 마지막까지 고군분투할 때 남편과 통화하며 한 말이 '행복하다'였다.

자신이 처해있는 상황을 극복해 나가는 또 다른 영화 '미라클 벨리에'다. 주인공 폴라를 제외한 아빠, 엄마, 남동생 모두 청각장애가 있다. 학교 선생님으로 인해 자신의 재능을 발견하게 되고, 급기야 파리의 명문 음악학교로 오디션을 보러 가야 하는데 가족을 떠나야 한다는 것이 쉽지 않은 게 현실이다. 부모와 남동생의 귀와 입이 되는 상황에서 말이다. 그런 과정에서 빚어지는 갈등과 오해, 엄마의 소리 없는 외침이 가슴을 찡하게 한다. 특히, 오디션에서 부르는 '비상' 노래는 영화를 압축해 놓았다.

영화뿐만 아니라 시련이나 관계가 소원해지는 일은 우리가 살아가는 동안에 누구나 경험하게 되는 일이다. 여기서 중요한 것은 대응하는 방법이다. 극복하고 성장의 자양분으로 삼을 것인지, 외면하고 포기할 것인지, 선택하는 것은 중요한 갈림길이다. 성공한 사람들은 실패를 경험하고 받아들인 사람들이다. 에디슨은 실패를 통해 성공할 수 있었고, '인생에서 실패한 사람 중 다수는 성공을 목전에 두고도 모른 채 포기한 이들이다.'라고 했다. 행복한 삶은 결코 어려움이 없는 삶이 아니다. 긍정심리학이나 행복이 말하고자 하는 바는 어려운 감정이 사라지도록 하는 게 아니라 그 감정에 대처하도록 배우는 것이다.

참고문헌

- Stefan Mitchell, Black. Margaret J, "Freud and Beyond: a Hstory of Modern Psychoanalytic Thought", 이재훈, 이해리 역, 『프로이트 이후』
- 『해피어』 탈 벤 샤하르 지음/노혜숙 옮김, 위즈덤하우스
- 『굿 라이프』 최인철, 21세기 북스
- 『마틴 셀리그만의 긍정심리학』, 마틴 셀리그람 저/김인자, 우문식 역, 물푸레출판사
- 영화 이미지는 네이버 공식 정보

찾아보기

용서는 용기 있고 용감한 사람을 위한 것이다. 죄를 용서할 만큼 강한 사람만이 사랑하는 법을 안다.   152

이기심이나 불만이나 슬픔 등 보여주고 싶지 않은 감정들은 오히려 진정한 자신을 알려주는 솔직한 신호일 수 있다.   93

ㅈ

자신의 모습을 있는 그대로 보여주는 게 자신으로 '존재하는' 것이다.   69

자신의 삶의 주인공은 그 누구도 아닌 자기 자신이다.   27

중요한 것은 나 스스로를 인정하는 것', 자신의 몸을 있는 그대로 봐 주는 것, 다른 사람에게 어떻게 보여야한다는 것 때문에 자신의 행복을 폄하하거나 숨길 필요는 없다.   111

즐겁고, 행복한 일을 하고 있을 때 비로소 진정한 나를 만나는 시간이다.   42

진정한 행복은 지금 이 순간 존재하는 것이다.   81

ㅍ

폴은 자신의 과거를 기억해 내었고, 바라보았으며, 화해하고 인정하는 작업을 통해 비로소 성숙한 어른의 자아로 다시 태어날 수 있었다.   130

ㅎ

행복감이 낮은 학생들은, 자신이 그 일을 얼마나 잘하는지를 아는 것이 중요하다고 했고, 반대로 행복감이 높은 학생들은, 자신이 그 일을 좋아하면 잘하는지 여부는 그렇게까지 중요하지 않다.   103

행복은 무슨 일이 일어나는가가 아니라, 일어난 일에 어떤 의미를 두느냐, 어떻게 바라보느냐에 달려있다.   110

저자약력

소희정

現 마음과공간 예술심리연구소 대표
국제사이버대학교 특수상담치료학과 겸임교수
한국공연예술치료협회 공동대표 및 수련감독자
한국에니어그램교육연구소 전임교수
한국상담학회 전문상담사, 전문상담교사
한국사진치료학회 회장 및 수련감독자
한국영상영화치료학회 교육연수위원장 및 수련감독자

[저서]
예술심리치료의 이해와 적용
예술치료
영화, 행복심리를 말하다

영화, 행복심리를 말하다

초판발행   2019년 3월 10일
중판발행   2019년 12월 30일

지은이   소희정
펴낸이   노 현

기획/마케팅 노 현
제 작   우인도 · 고철민

펴낸곳   (주) 피와이메이트
           서울특별시 금천구 가산디지털 2로 53 한라시그마밸리 210호(가산동)
           등록 2014. 2. 12. 제 2018-00080 호
전 화   02)733-6771
f a x   02)736-4818
e-mail   pys@pybook.co.kr
homepage   www.pybook.co.kr
ISBN   979-11-89643-86-7 93180

정 가   11,000 원